10歳でもわかる問題解決の授業

苅野 進 Karino shin

自分の頭で「考える力」が身につく
5つの授業

フォレスト出版

はじめに　１００％の正解がない社会人の世界で役に立つのは〝精度の高い、現実的な解決策〟

私は経営コンサルティング会社での仕事を経て、10年以上にわたり、**小学生向けに「問題解決力」「論理的思考力（ロジカルシンキング）」を高めるための「考え方」**を教えてきました。

経営コンサルタントは、問題解決のための「思考のフレームワーク（考え方の型）」を数年かけて学び、身につけます。

その手法を小学生にもわかるように、そして、楽しみながら学べるように指導しているのです。

本書は、小学生が実際に解いている問題などもご紹介しながら、わかりやすく問題解決の技法が身につくように工夫しました。

「考える力」は生まれつきのものではなく、非常に〝**シンプルな技術の習得**〟と〝**気持ちの持ちよう**〟**で大きく伸びる**という実感があります。

そして、その力は仕事、人生での閉塞感《へいそく》を打ち破るものになると思っています。

社会人になると、日々、大きな問題から小さな問題まで、壁に直面することになります。

「仕事を効率化させたい、スピードアップしたい」「相手が納得する提案、交渉、プレゼン、企画、説明をしたい」「仕事相手、社内の人とのコミュニケーションを円滑にしたい」「計画、目標をうまく達成していきたい」……など、解決したいことは様々です。

しかし、私たち日本人は、問題を解決することに苦手意識を持っています。

私たちを苦しめているのは、**「正解を見つけられなければ、考えた意味がない」という小学校以来のテストの世界で染みついてしまった結果主義の考え方**です。

どんなに粘り強く考えたものでも、結論が間違えていれば0点。

授業とは、先生の知っている正解を教えてもらう場であって、正解を知らない自分が頭を使って考える場ではない。そういった思考、行動が染みついています。

そこで私たちは、「自分の考えに確信がないから、教えてくれるのを待つ」という、**いわゆる思考停止状態で立ち止まってしまう**のです。

社会人になると急に求められるようになる、問題を解決するための「自分で考える」能力。

この本を手に取っていただいたあなたも、そのギャップに戸惑い、乗り越えるための方法を探していることと思います。

そもそも私たちが日常で過ごす社会と、学校のテストの世界には大きな違いがあります。それは、１００％の正解などないので、待っていても誰も「正解を持っていないし」「教えてくれない」ということです。

だから、あなたの仕事は先人や先輩の知っている正解を覚えることではありません。あなた自身が考えた過程を共有して、全体としての経験を高めることです。

大人の世界、特にビジネスの世界には確実な正解がありません。そんな中で、できる限り、精度の高い、現実的な解決策を考える力が必要です。

つまり、正解のない問題を前に、**「自分の頭で考え抜き、自分なりの意見と答えを用意」**しなければならないのです。

●成果を出す人は持っている「自分で考える力」が身につく５つの授業

「自分で考える」

これほど、私たちにプレッシャーを与え、怖がらせていることがあるでしょうか。

間違えたらどうしよう……。失敗したらどうなるんだろう……。自己責任、結果責任……。

仕事に関する決断はもちろんのこと、物を買ったりする場面でも怖《お》じ気《け》づいてしまう場面は多々あります。

あなたも、前例という名の正解を求めて、ひたすら調べ続ける、検索し続けるという経験があるはずです。

そして、その結果「見つけられなかった……」と徒労感のみが残ることも少なくありません。

本書では、**「自分で考える」ことについての〝苦手意識を取り除くための心理的・技術的なコツ〟**を紹介していきます。

「考えることの意味」は、正解というゴールにたどり着くことだけではなく、その過程で様々な付加価値を生み出していることです。

本書で扱うような**「問題を分解する」「仮説を立てて実験する」「様々なものさしで評価する」**といった作業を通じた試行錯誤《しこうさくご》をすること自体が物事を解決し、より良い方向に進めてくれるのです。

混迷だといって嘆《なげ》く必要はありません。このことは、「修正して続けていくことができる」という点でとても健全だからです。

本書は、小学生向けに開講されている学習塾ロジムの授業を再現しているものです。**「自分で問題を設定する」「適切に試行錯誤をする」「知っていることを組み合わせて新しい自分の考えをつくってみる」**といった「考え方」「問題解決」の初歩の型を練習問題と一緒に紹介しています。

思考の型を学ぶことは、創造力を損なうことではありません。むしろ、創造力の源泉になるのです。

過程にすぎないと思われている「考え方」がうまくなることは、仕事を前進させ、人生を豊かにしてくれます。

小学生も使いこなしている問題解決の技術です。社会人のあなたが使いこなせないはずがありません。

あなたに、ぜひ〝自分で考えることの充実感〟を得ていただきたいと願っています。

苅野進

10歳でもわかる問題解決の授業　目次

序章

〝自分の頭で考える力〟が「あらゆる問題」を解決してくれる
～なぜ、ロジオ君は決められないのか～

【第1部】 10歳でもわかる問題「解決」力

1時間目

〝限られた情報〟でも「仮説力」があれば問題は解決できる

〜仮説っていったいなんなんだろう〜

2時間目

精度の高い〝仮説を立てる手順〟とは?

~良い仮説の条件ってあるの?~

3時間目
解決力の高い人の「論理的に考える」技術
～どうやって、仮説を確かめて、学べばいいの？～

【第2部】10歳でもわかる問題「設定」力

4時間目

本当に「取り組むべき問題」が見つかれば〝具体的な行動〟ができる

～現象と論点の違いって何？～

5時間目

本質を見つけるためのフレームワーク

～どんなチェックリストがあれば〝モレ〟〝ミス〟は防げるの？～

プロデュース　森下裕士
カバーデザイン　中西啓一（panix）
本文デザイン＋ＤＴＰ　佐藤千恵
素材提供：rassco, Puckung, Michiko Design, bioraven／Shutterstock.com

序章

“自分の頭で考える力”が「あらゆる問題」を解決してくれる

～なぜ、ロジオ君は決められないのか～

【決められないロジオ君のお話】

先生　「みんなは、どんな問題集で学びたい？」
生徒A　「私は、難しい内容が載《の》っているのがいいな」
生徒B　「僕は苦手なことが、やさしく説明してあるのがいいな」
ロジオ君　「うーん。わかんな～い」
先生　「ロジオ君は、今どういうことに困ってるのかな？」

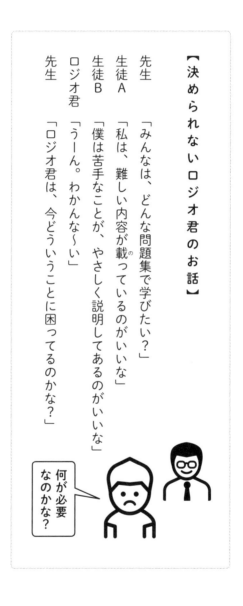

【決めて終わりのロジ子さんのお話】

先生　「ロジ子さんは、どんな問題集を選んだの？」
ロジ子さん「ネットで評判が良かった、これです」
先生　「今、評判の問題集だね。使ってみてどう？」
ロジ子さん「よくわかんないけど、進めてます。
　みんながいいって言ってるし」
先生　「どういう点が、わからないの？」
ロジ子さん「うーん。
　なんとなくわかりにくいかな」

〝自分の頭で考えて決断する〟ための3ステップ

この会話を聞いて、あなたはどう感じるでしょうか。
私の主宰《しゅさい》する学習教室で、よくある一コマです。ロジオ君とロジ子さんは、「自分で考えて決める」ことに関する2つの大きなポイントにつまずいています。
ロジオ君は「決めるための情報収集力が足りない」、
ロジ子さんは「決めた後の修正力が足りない」、
ということです。
ロジオ君は、「そもそも問題集によって、何を解決したいのか」ということがわかっていません。「自分の悩み」であるにもかかわらずです。
「何を考えるべきなのか」ということについて〝情報が整理されていない〟ことが、決断を不可能にしていることはよくあります。

また、ロジ子さんは、ネットで他人の決断情報を集めることに注力しすぎて、決断のみで疲れ切ってしまうタイプです。

どんな決断も、「自分にとって100%正しい」ということはありません。

なんらかの不具合・不都合が発生します。それを受け止めて、分析し、自分なりに修正していかなければ、問題は解決しません。

決断を迷っている間に、致命的なほど時間が過ぎ去ってしまったり、決めた後も、つまずくたびに新しい問題集を買い替えてしまうタイプです。

「自分で考えて問題を解決する」ためには、

ステップ①「問題を理解し、設定する」
ステップ②「決断する」
ステップ③「その後の不具合を分析して修正する。
そして、次回に生かす」

という、３つのステップを身につける必要があります。

①と③を無視して、②だけを論じることはできません。①と③について考えていないと、決断とは、**「一回限りで、責任を負わなくてはならない恐怖」**以外の何ものでもなくなります。

つまり、この３ステップがなければ、問題を解決するための決断ができなくなるのです。

「１００％答えの出る問題」が与えられない大人の世界で〝戦い抜く武器〟を持とう！

ステップ①「問題を理解し、設定する」ということについて私たちは、子供の頃から「確実に答えの出る問題」を解くことを鍛えられています。

しかし、大人の社会においては、「きちんと効果の出る問題」を自分で設定して、解くことが必要です。

先ほどのロジオ君は、問題を設定していないのに答えを聞かれているので、「うーん」とうなってしまったのです。

この本の目的のひとつは、**「決めるために必要な情報を正しく集める技を知る」**ということです。

ステップ③「その後の不具合を分析して修正する。そして、次回に生かす」ということについては、技術不足も相まって、日本人が文化的にも非常に苦手としています。

この国全体にはびこる、

「自分が失敗から学ばないから、他人も失敗から学ぶことは期待できない。失敗したら減点。失敗したら終わり」

という、負の雰囲気から抜け出す必要があります。

数多くの失敗を重ねてきた人にこそ、問題解決に至る経験が期待できるはずです。

私は、失敗を含めた試行錯誤《しこうさくご》の大事さ、そこから有益な情報を導き出すにはどうすればいいか、という「自分で考える力」を身につけてもらいたいと思っています。

この本では、

第1部（1～3時間目）　問題「解決」力（ステップ③の実行と試行錯誤の技術について）

第2部（4、5時間目）　問題「設定」力（ステップ①の問題の設定の技術について）

という構成にしました。

問題を「設定する力」よりも、「解決力」を先に学ぶことには理由があります。

実は、解決力を身につけるよりも、正しい問題設定をするほうが難しいからです。

そのため、まずは「与えられた問題を解決する技術」から身につけていきましょう。

1
時間目

“限られた情報”でも「仮説力」があれば問題は解決できる

～仮説っていったいなんなんだろう～

決断には〝十分な情報が必要〟は誤った神話

「成績が伸びないわが子は、いったい何をすればいいのだろう」という問題に、私の学習塾に通う生徒の保護者の多くが直面しています。

ほとんどの人が、この問題に対してネットで様々な情報を集めます。

「計算・漢字の基本を徹底すべき」「復習をしっかりすべき」「授業の内容を予習しておくと良い」……など、ありとあらゆるアドバイスが手に入ります。どれも、ネットの情報では、「まずは、これが大事」と言われます。

そうして結局、情報を集めるために調べているだけで、多くの時間が過ぎ去ってしまい、「もう、疲れてしまった。先送りにしよう……」となってしまうのです。これは、私の主宰する学習塾で、よく遭遇する事例です。

調べているだけでは決断ができません。なぜなら、「どれが実際にその子に100%

合っているか」ということは、いつまでたってもわからないからです。

100%の確信を求めて情報の海をさまよっても、ただの無い物ねだりでしかないのです。

この本を手に取ったあなたも、「どうすれば、間違いのない意思決定をして、問題を解決できるのだろうか」と考えて、足踏みしているはずです。

私たちは日々、問題解決を迫られ、取り組んでいます。

「売り上げを伸ばす」「業務効率を高める」「仕事のスピードを上げる」など、会社での業務はもちろんのこと、「自分を高めるためにはどんなことに取り組めばいいのか」「時間をうまく使うためには、どうすればいいのか」といった、自分の将来に関わることまで、私たちは多くの問題に直面しています。

そして、その解決のために意思決定を迫られているのです。

冒頭の保護者を含め、多くの人は「間違いのない意思決定のためには、情報が必要だ」と考えています。

実は、この考え方は「情報が不十分だから意思決定ができない」という状況に私たちを追い込みます。

意思決定にあたっては、「絶対に間違いない、と言えるほど情報が十分」などということにはたどり着けないので、いつまでも意思決定ができず、時間だけがたっていき、問題の解決ができないのです。

まずは、限られた〝情報〟と〝時間〟で「問題解決サイクル」を回そう

成績を伸ばす生徒や保護者は、まず限られた〝情報〟と〝時間〟の中で動いてみます。たとえば、とりあえず計算練習をやってみて、素早く確認テストを受け、結果から次の行動を考えます。

実際に行動した上での結果ですから、非常に有益な情報となり、次のアクションの質を高めてくれます。

良い参考書、間違いのない参考書の情報を、ひたすら検索し続けている生徒や保護者もいます。

しかし、そういうことに時間をかけるよりも、その最中に手を動かしている生徒のほうが学力が伸びていることは、間違いありません。

つまり、問題解決に近づいているのです。

これを、「問題解決のためのサイクル」と呼ぶことにします。

問題解決のための**意思決定のコツは、「与えられた情報の中で、素早く意思決定をする技術」**です。

素早く意思決定をすることで前進すると、新しく、そして非常に有益な情報を得られることが多いのです。

また、「素早く」実践することで、新しい情報を元に軌道修正《きどうしゅうせい》をして、新たな意思決定をする余裕ができます。

ここで重要なことは、「意思決定は一度で終わりではない」ということです。

先に述べたように、問題解決は「サイクル」です。そのための意思決定は、学校の試験のように「一度出した答えにマルバツがつくもの」ではありません。

１００％の正解はないので、緊張することなく意思決定をして、その後の修正に全力を注ぐという姿勢が大事です。

実際に、問題解決力のある人とは、一発で良い解決策を出すような人ではありません。

それよりも、「試行錯誤を非常に速いサイクルで回し、そこからグングン精度の高い意思決定を繰り返していく」のです。

頭がいい人は「仮説」で決定し、「結果」から学ぶ

では、とりあえず何も考えずに意思決定をしてしまえばいいのでしょうか。もちろん、そうではありません。

たとえば、成績を上げるために「計算練習」に取り組むという決断をするためには、「計算練習」が**「とりあえず有効そうだ」という情報**が必要ですし、**「結果についてど**

のようにして有効性を確認するのか」という基準も必要です。

そして、**「結果を、次の意思決定にどう生かすか」という視点**が必要です。

たとえば、「計算練習」をした後のテストで、前回より点数が3点上がったとします。これは、どういうことを意味するのでしょうか。計算練習を、さらに続けるべきなのでしょうか。

「意思決定を生かした判断」のためには、技術が必要です。意思決定以上に、その前と後ろの考え方のスキルが、実行した意思決定を0にも100にもするのです。

「計算練習」をして点数が上がらなかったとしたら、「計算練習が点数を上げる」という仮説が、正しくなかったということになります。

「点数を上げるには、もっと計算練習が必要だ」「計算練習は得点アップには関係ない」という新たな仮説や、「今回は、計算練習の成果が出るようなテストではなかった」などの考察が生まれてきます。

また、結果の判断基準を考えることも大切です。

重要なことは、「計算練習」について、どれくらいの時間を割いたら、どれくらいの効果が必要なのか（欲しいのか）といったことを計画することです。

「点数が上がった」というような漠然《ばくぜん》とした評価では、その後も継続すべきかどうかは判断できません。

社会人は「100点を取る」より「現実的な解決」が優先

私たち社会人が直面している問題は、学校の勉強とは違います。模範解答はありません。「100点の解答」などというものは、ないのです。

一見うまく解決できたように見えていても、「もっと〝簡単〟に解決できたかもしれない」「もっと〝早く〟解決できたかもしれない」という可能性が常に残されています。

そういう意味で、きちんとしたゴールがあるものではありません。むしろ、**時間的だったり、金銭的な制約がある中で〝前進〟し続けていることが重要**です。

「もしかしたら、1週間で50点もアップする勉強法があるかもしれない」

そんな夢のような解決策を求めて右往左往しているよりも、現実的な勉強法を試してみて、「10点だけど上がった」「この勉強法は自分には合わなかった」という情報を得ることが「前進」であり、現実的な「解決」なのです。

100%の確信が持てない中で重要な〝行動基準〟

私たちが取り組むべき問題には、答えが用意されていません。このような問題を「解決する」には、根本的に行動基準を変える必要があります。

テストで、100個の選択肢があったとします。その中に、答えがひとつだけあります。そうすると、そのひとつは必ず存在し、それを見つけること以外は0点なのですから、「正しい答えを見つけるための情報を、すべて集めて考える」という行動が正解です。

しかし、「このコーヒーの売り上げに貢献する広告案とは？」という問題でしたら、どうでしょうか。

たとえ100個の案が目の前にあったとしても、それらの中に〝最高の〟効果をあげるものがあるという確信は誰も持てません。

このような状況では、どのような行動に価値があるのでしょうか。

試験とは違い、ひとつの正解を見つけることが価値のあることではありません。「この選択肢はこのような効果があった」という実験結果にこそ、非常に価値があるのです。

これにより、翌週から広告を修正したり、次回の広告のためにより効果の高いものを選ぶことができるようになるのです。

大切なことは、**「失敗」や「不正解」をひとつの重要なデータとして、自分の中で、そして、組織の中で共有していき、次の行動の精度を高めるという〝最優先の行動基準〟**なのです。

「机上の空論」を防止する3点セットとは？

ＡＢテストをご存じでしょうか。

アマゾンやフェイスブックなど、大きなインターネットサービスでは数多く実施されているテストです。

これは、新しいサービスやサイトのデザイン変更などについて、最終的に残った案を実際に試してしまうというものです。

あなたのパソコンで見ているアマゾンのサイトデザインと、私のパソコンで見ているデザインが違うということがあります。

そこでアマゾンは、大量のユーザーをいくつかのサイトデザインで、どのように反応するか調べて、良い結果を生んだほうに決めていくのです。

この話は、「机の上や会議室で下す決断には限界があり、続きがある」ということを示す好例です。

最終的に残った案は、どのような点で違いがあり、どのような点で不確定要素を含んでいるのか。

それは、決断後にどのような形で明らかになってくるのか。

明らかになった後、どのように対処可能なのか。

どのような決断も、１００％間違いだったということはありません。逆に、１００％正解だったということもありません。

決断後に、「より良いものにしていくことができる」ということを知っておきましょう。

そして、このことは「決断する」ということで、すべてが終わるものではないという安心感を生んでくれるはずです。

決断の際には、

1 判断材料をできる限り集めておく
2 それでも残る不確定要素を明確にしておく
3 決断後の修正プランを考えておく

この3点セットを意識しましょう。

決断を周りに伝える際には、この3点をしっかり提示しましょう。大きな信頼とフォローを得られるはずです。

特に、あなたが若い部下や後輩を抱える立場なら、このサイクルで動くことを組織のルールとして徹底することで、前向きに成長していけるチームをつくることができるはずです。

もし、あなたがそういう立場にないとしても、この3点セットを意識することで、自分自身を成長させることができますし、結果も得やすくなります。

「合格体験記」と「不合格体験記」、どちらを読むと成績が上がる？

「勝ちに不思議の勝ちあり、負けに不思議の負けなし」という、野球評論家の野村克也氏の言葉がありますが（元は江戸時代の大名であり剣士の松浦《まつら》静山《せいざん》の言葉です）、負けのパターンというのは非常に再現性が高いのです。

ですから、「うまくいかなかったときの話」というのは貴重です。

致命的な損失を避けることができたり、同じような状況を想定して準備することができたりと、いわゆる「地雷」を避けることができるからです。

「この問題集をやったら受かった」といった、適性も状況もぼやかされている合格体験記よりも、「みんながやっている問題集を自分もやったけど、本番では解けなかった」という**不合格体験記のほうが役に立つ**のです。

「問題集は使い方が重要なのではないか」「この問題集に足りないものがあるのか」と考えることで、自分が再び同じ状況になるのを避けることができます。

私の塾の保護者会でもうまい話を信じたい「合格体験記」が大好きな人よりも、より現実的な情報である「不合格体験記」を重視する人の子供のほうが成績を伸ばします。

また、私が経営コンサルタントだった時代も、いわゆる「ベストプラクティス」という成功事例よりも、あまり、外部に出てこない他社の失敗事例についての情報のほうが圧倒的に求められました。

ただし、失敗事例は非常に役に立つのですが、成功した後に振り返るような形でしか語ってもらえないことが多いものです。

これは恥ずかしさもあるのでしょうが、人的、金銭的コストを導入して「やっと得ることのできた貴重なデータ」だからです。

仮説を持てば〝失敗が成功のもと〟となる

「次につながる良い失敗」とは何か。

それは、**しっかりとした〝仮説に基づいた決断の結果〟としての失敗**です。

たとえば、成績が上がらないときに、合格者が使っていた問題集をやってみた。でも、点数は上がらなかった。では、別の合格者が使っている問題集をやってみる。

これは、仮説のない、決断の結果を活用できていない例です。

それに対し、「自分に足りないのは、基本公式の理解ではないか？」という仮説を持って考えると、「基本公式が説明してある」という評価のある問題集に取り組むことになります。

それをこなして、成績が上がらなかった場合こそ、「まだ身についていないので繰り返す」「基本公式の理解は問題ないので、その応用力を身につける方法を考える」といった具体的かつ、次のステップに進む足がかりとなります。

失敗を成功のもとにするのは、「仮説」を持って考えるという技術なのです。

イチロー選手はオープン戦で仮説検証をしていた！

イチロー選手は、「打席ではいつも何かを考えながら微調整をしている。単に打つことを繰り返していても進歩はない」というようなことを語っています。

まさに、自分のイメージを仮説として持ち、打席でしっかりと実験して、次に生かすというサイクルを持っているのです。

イチロー選手はオープン戦などを、貴重な実験と微調整の場と公言していることからも、仮説検証の重要性とコストを考えていることがわかります。

きたるべきチャンスのために、しっかりと「良い失敗」をしておく。

10割バッターはいない。だからこそ、少しでも前進し続ける。失敗で傷口を広げず、すぐに次に生かす。

これがやはり、好プレイヤーとして高みに上っていくための唯一の道なのです。

仮説の精度を高めて〝的外れの恐怖〟を消そう

「青い鳥である完璧《かんぺき》主義を捨てて、仮説を持って選択肢を絞り込み、試行錯誤していこう」


そうは言われても、多くの人は「仮説が全く的外れだったらどうしよう」という恐怖心を抱くはずです。

筋のいい仮説の構築には、経験も大きく影響します。

失敗が許されたり、コストのかからない小さい決断を任される環境にいるのなら、仮説を立てて、検証していく練習を積みましょう。

また、自分以外の人たちの仮説と検証の実例をうまく活用してください。

立てた仮説については、ぜひ積極的に公開してみましょう。

たとえば、生徒が「自分の成績が悪いのは基本公式が身についていないからだと思う」という仮説を周りの先生にぶつけてみれば、「この問題が解けないなら、本当に君の弱点は基本公式の不理解だろう。チェックしてごらん」「基本公式の習得は、この問題集がいいよ」というアドバイスをもらえるでしょう。

ビジネスの場でも同様です。私は、サラリーマン時代に「先方の社長は値段を気にしているらしいので、値下げのプランを持っていけば契約できるかもしれない」という仮説を上司にぶつけてみたことがあります。

すると、上司は「値下げプランは私の経験上、この金額でいこう」というアドバイスに加え、「値段ではなく、サポートの充実度を気にしている場合もあり得るから、それに対応するプランも用意していこう」という仮説も挙げてくれました。

これは、上司が仮説を持って進むことの大切さを理解してくれていた好例です。

「値下げのプランが受け入れられなかった場合は、サポートの充実度の可能性が高い」という仮説は、次のステップに踏み出しやすいものでした。

“すべてだいなし”にしないためのリーンスタートアップとMVP

ここで、多くの人がとらわれがちな「完璧な情報収集と決断」の対極にある、ビジネスの考え方である「リーンスタートアップとMVP」について紹介したいと思います。

新しい商品を開発するとします。日本の大企業でありがちなのですが、徹底的にリサーチをして、ニーズを拾い上げようとします。そして、商品のテストを社内で徹底的に繰り返し、大々的に発表する。

これが大ウケすることもあれば、大コケすることもある。そんな光景は自動車から玩具《がんぐ》、食品まで数多く目にしていると思います。

リーンスタートアップとは文字通り、リーン（英語で「細い」という意味）、つまり、小さい投資で事業やサービスをスタートしてしまうという考え方です。

ここで同時に重要な考え方が、MVP（Minimum Viable Product）という「消費者に受け入れてもらえる最低限レベルの商品」です。

コストをかけすぎず、仮説を持って構築した商品を実際に発売してしまう。そして、そこから消費者のフィードバックをもらい「そもそも事業として成功しそうか」「大きく売り出すには、どのような付加価値が必要か」を検証していくスタイルです。

中途半端な商品を出すのは、会社の恥という考え方の対極ですが、**仮説検証によって実際に収集後にブラッシュアップされる情報のほうが、のちの成功に大きく寄与している**と考える企業が増えているという例です。

たとえば、私も本を書くときには、締切り日よりだいぶ前に、しかもだいぶ粗い下書きの段階で一度編集者の人や同僚などに公開してみます。

そして、自分の中の仮説を3パターンほど説明して反応を見てみます。

この本のつくりも、「問題集のようにいきなり設問から始まるパターン」や「読みやすいコラムを並べるパターン」などを、想定読者層や読書スタイルまでを考えたいくつかの仮説が存在しました。

それらを、ディスカッションや先行事例などと照らし合わせて検証するなどして、現在手に取っていただいている形に落ち着いたのです。

いきなり素晴らしい文章を編集者の人に見せて「すごいですね！」と言ってもらえたらかっこいいなという夢も少しはあります。

しかし、それよりも**「早めに現場の人の経験を取り込みたい」「最後にすべてひっくり返されるリスクを避けたい」**という、ビジネスとしての現実問題のほうが重要なのです。

「失敗が普通」「存在しないゴールより前進」という思考の転換

「決断をして失敗しても、それは経験としてきちんと評価され、そして、組織の中で生かされる」という考えとスキルがない組織、つまり、失敗から学べない組織というのは、失敗をゼロかマイナスととらえます。だから、組織も、構成員も決断したくないと思うのです。

しかし、失敗事例はとても貴重です。決断に躊躇《ちゅうちょ》しない人々は、失敗の効用を知っているからです。

準備をして、根拠を持って決断し、失敗したら、そこから次のさらに洗練された案を生み出して、決断する。このサイクルで成長していきます。これは、組織も個人も同じです。

日本という国のステージが、「先進国のマネをして、追いつくことで成長する」という段階では、進むべき道がかなり明確だったので、失敗を避けることが可能でした。

しかし、今は失敗が普通で、その中から次の道を選ばなくてはいけない時代です。

個人としても、こうすれば満足な人生だというロールモデルが見つけにくいはずです。失敗を良いものとして生かす心意気と技術があったほうが、健康的で充実した毎日を送ることができます。

ゴールが存在しない以上、今の自分よりも前進していることに価値を置くという思考の転換が必要です。

「どうすれば、仮説を考えられるようになるの？」

引き続き、第1部の2時間目と3時間目では、問題解決のために、

1　仮説を立てて限られた情報の中で意思決定をする

2　意思決定の結果から有効な情報を引き出して、次の意思決定に生かす

という技術を学んでいきます。

再度強調しますが、問題解決はサイクルです。

意思決定の結果が思った通りでなくても、そこで気を落としたり、パニックになる

のではなく、次に生かすことが大切です。

人より先に意思決定をして実行しておくことは、たとえ失敗しても（むしろ失敗だからこそ）、ビジネスパーソンとしての貴重な経験となります。

そして、次の意思決定能力を引き上げてくれます。上手に低コストで素早く意思決定をし、貴重な情報を集めていきましょう。

2
時間目

精度の高い“仮説を立てる手順”とは？

～良い仮説の条件ってあるの？～

できる人は、〝すばやく〟〝コスト安〟で失敗していた！

まずは、1時間目でお伝えした「決断において、なぜ、仮説が重要なのか」について確認することから始めましょう。

「上司に提案するプランを決定できない」

「複数の転職先の候補から、どこにするかを選べない」

といったビジネスに関するものから、

「友人に、一緒に行くレストランを選んでくれと言われてつらい」

「休日に何をするかを決めることに疲れる」

といった、私生活に関するものまで、私たちに恐怖感を植えつける「自分で考えて決める」ということ。

思考を停止して先送りしたくなりますが、「決められない上司」「決められない部下」

に悩まされるというような話もよく耳にしますが、決断力は自ら鍛えなければ身につかないものです。

「決めるのが怖い」というのは、「決めたことによって発生するかもしれないリスク」を受け入れたくないということです。

そのリスクが大きすぎて物理的に受け入れられないという場合もあれば、大小にかかわらず、精神的に耐えられないという場合もあります。

「上司に否定されたら嫌だ」「転職した先で嫌なことがあったらどうしよう」「レストランがおいしくなかったら」……、こういったリスク、つまり「失敗」への恐怖です。

1時間目にもお話しした通り、この本でお伝えしたいのは「失敗しないための考える技術」ではありません。そんな無責任なことは申しません。

「失敗がいかに大事なものかを理解し、失敗をどのように使うかという技術」を身につけてもらうことが目的です。

「うまく失敗して、それを生かす考え方」と言い換えてもいいでしょう。

失敗は言い換えれば「経験」であり、「うまくいかない選択肢の消去」という前向きなものなので、「失敗しない」ことは「前進しない」ことと同義です。
人より早く、うまく、コストを最少限にして失敗するのが、できる人なのです。
そして、失敗を生かすために必要なのが仮説です。

仮説を持っていれば具体策が洗練される

仮説というのは、「原因と結果」の自分なりの分析と言えます。

たとえば、「儲かっていない八百屋さんをどうしよう」というとき、この「問題の仮説」とは、

- **仕入れ価格が高すぎるので、儲《もう》かっていないのではないか**
- **客の数が少なすぎるので、儲かっていないのではないか**

となります。

「対策の仮説」は、

・仕入れ価格を下げるためには、一度にたくさん仕入れればいいのではないか

・客の数を増やすためには、新聞に広告を出せばいいのではないか

というものです。

こういった仮説があれば、「仕入れ価格の高さが問題だと思われるので、普段の2倍の量を買いつけてみよう」という対策が取れます。

うまくいかなかったとしても、「ひとつ当たりの儲けは増えたが、2倍の量を売り切ることはできなかった」「仕入れ価格は、小さな八百屋が2倍の量を買いつけようとしただけではあまり下げることができない」という結果を得ることになり、次の対応策をより正確なものへと修正できるのです。

こういった場合に、陥ってはいけない事例をご紹介しておきます。

1　ひたすら調べて立ち往生君にならないこと！

儲かっているスーパーのことをやみくもに考えたり、ネットで

調べたり。本を読んでみたりして、やけに業界に詳しくなってきたけれど、結局、同じような毎日を過ごしているだけ。

つまり、儲からない状況が続いているだけです。最悪の場合、赤字の状態を続けているということにもなりかねません。

「仕入れ価格の高さが問題だ」という仮説を持っていれば、「儲かっていると言われている、あのスーパーの仕入れ価格はどれくらいなのか?」と、調べる項目も絞られますし、参考にして自分の打ち手にもすぐにつながります。

これは、身近な例では、「英語を身につけたいけれど、何をやればいいのかな」という悩みを持ちつつ、英会話教室の検索や「英語　身につける」などでブログ検索してみたりして、時間だけが過ぎていくということで、よくある話です。

また、大企業で、意思決定においてのちの言い訳のために「これだけリサーチしたんだ」というパフォーマンスを兼ねて、ひたすら「市場調査」をしているという状況もよく目にします。

企業文化として根付いている場合も少なくなく、「〝より多くの情報〟〝より多くの声〟

を集めることに数年を費やしました」という宣伝を目にすることがあります。

しかし、その間に先行して製品を世に出した会社は、数回のモデルチェンジによって、より現実的に製品を洗練させていたという現実があります。

2 仮説がないので、反省できない君にならない！

仮説には、しっかりと「原因と結果」についてのストーリーが揃《そろ》っていることが大切です。

「仮説がない」、つまり「なぜ」「なんのために」を考えずに行動に出てしまうと、それがうまくいかなかったときに、うまく反省し、修正していくことができません。

新聞に広告を出してみたが、儲けは増えなかったとして、

「儲けが少ないのは客数が少ないからだ。客数を増やすためには、新聞の広告が有効だろう」

という仮説を持っている場合は、

・客はすごく増えた。しかし、広告費はコストとしては大きすぎるので、客が増えた

分の儲けが消えた

・客は増えなかった。なぜなら、大きなスーパーが同じ新聞に広告を出しているので、比較されてしまった

という分析につながって、次の打ち手につながります。

しかし、仮説がないまま、思いつきで広告を出したという場合は、「次はテレビ広告かな」と、もっとコストが大きな案を考えたり、「新聞広告はダメだ」と投げ捨ててしまい、「競合しない新聞広告の出し方」や「差別化の成功事例」といった、より深い分析に進む機会を逸《いっ》してしまうのです。

つまり、有効な反省と改善につながらないのです。

より良い仮説を立てるためのフレームワークを知ろう！

ここからは、いよいよ2時間目の本題です。ここまでお読みいただいたあなたは、「自分なりに立てた仮説が、全く的外れだったら？」という思いが頭によぎっているかもしれません。

この本に書かれているような、トライアンドエラーを繰り返していくと経験が積み重なるので、「データを見る」「人の話を聞く」「現場の状況を見る」といったことで、大きなハズレなく、仮説を立てることができるようになります。

優秀な経営コンサルタントなどは、先ほどの八百屋さんから相談を受けたとすると、効率的に面談し、周囲の状況を調べることで、問題を絞り込み、打ち手を考え出します。「経験がモノを言う」というのは真実ではありますが、これこそ抽象的で多くの人を尻込《しりご》みさせるものです。

ここでは、大ハズレしないための初心者でも使いやすいマニュアルを紹介していきましょう。

「仮説を立てる」には、先にも触れましたが大きく2段階あります。

① 問題「設定」の仮説：重要そうな原因を3つくらいピックアップする

②問題「解決」の仮説：その原因を解決するのに有効そうな策を3つくらいピックアップする

①の「重要そうな」、②の「有効そうな」という点が多くの人を悩ませることでしょう。重要じゃなかったら？　有効じゃなかったら？　と考える気持ちはわかります。しかし実は、そこはあまり悩む必要はありません。空振りだったとしても、それは選択肢が狭まったということで有益です。それよりも、「非常に重要なものを見落としていた」というほうが怖いのです。だから、いろいろと調べたくなるのです。

私の学習塾の練習問題です。

「遅刻を減らすにはどうしたらいいか？」

小学生の教室では、ほとんどの意見が「いかに早起きをするか」というものに集中

してしまいます。しかし、「視野を広げる」と、同じ時間に起きても、

1 自転車で速く移動する

2 近くに引っ越す

という策も考えられます。「視野を広げる」という抽象的な表現をわざとしましたが、こういう視野はどのようにして得られるのか、というのが以降のテーマです。

遅刻とは、「起きた時間 ＋ 移動時間」が、「始業時間」を超えてしまうことです。

さらに移動時間とは、「距離 ÷ 移動速度」で求められます。

難しい話ではなく、遅刻を考えるときには、誰もがこれらの項目を無意識に考えます。しかし、意識的には「起きた時間」だけを考えてしまうのです。

このように、「問題解決のために考える必要のある要素は何か」、つまり問題設定を的ハズレにしないために役立つのが、フレームワークと呼ばれる「型」です。

こういった型を多く知っておくことは、棋士が様々な型を学ぶのと同様に、大きなミスや見落としを減らしてくれます。

問題解決のためのSCAMPER——的外れをなくすために

まずは、問題が明らかになったときの問題「解決」のフレームワークを紹介しましょう。

たとえば、「遅刻しないために〝早く移動する〟ためにはどうすればいいのか?」という具体的な打ち手を考えるようなものです。

ある問題に対して、解決策を見つけるときに役立つ「考える型」として、有名なものがSCAMPER(スキャンパー)です。これは、

S:Substitute サブスティテュート(代用する)
C:Combine コンバイン(組み合わせる)

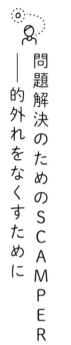

A：Adapt　アダプト（適応させる）
M：Modify　モディファイ（修正する）
P：Put to other uses　プットトゥ アザ ユースィズ（その他の使い方をしてみる）
E：Eliminate　エリミネート（取り除く）
R：Rearrange　リアレンジ（並び替える）・Reverse　リバース（逆にする）

という「状況を打破するための突破口」を見つけるヒントです。一つひとつ例を見ていきましょう。

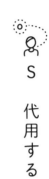

S　代用する

Substitute は、「代わりに〝何か〟〝誰か〟を使うことはできないか」という思考です。

たとえば、「遅刻をなくすために早く移動したい」という問題を解決するための打ち手を考えるときに、「徒歩ではない何か別の方法は?」という視点で考えることで、自転車移動や、車移動という選択肢が思い浮かぶわけです。

また、目の前にあるものでは足りないときに、何か別のものを代用できないかという視点にもつながります。

石油を産出しない国が、産油国の思惑に左右されないために代替エネルギーを求めるという考え方から、メタンハイドレートに大きな投資を始めているという例もあります。

この代用の考え方は不足を補うだけでなく、全く新しい価値を生み出すこともあります。

たとえば、パン食増加であまり気味であった米のことを考えてみましょう。

パンの材料を小麦ではなく米粉で代用することで、米の消費を増やしたり、小麦アレルギーでそれまでのパンが食べられない人がパンを食べられるようになったりという好循環につながりました。

布が主流だった傘をビニールで代用することで、一気に安価になったなど身の回りにも様々な例があります。

▼練習問題

Q　儲かっていないスーパーの解決策を考えてみよう！

例1：スーパーの場所代がもったいないから、「代わりに」放課後の学校でやる

例2：売れ残りを安売りする「代わりに」、料理にして次の日に高く売る

例3：農家から仕入れる「代わりに」、自分たちで栽培して売る

C　組み合わせる

Combineは、**組み合わせることで、新しい効果を生み出していく**ことです。

ポケットに入っている財布、定期券、携帯電話をひとつに組み合わせてみようという考え方で生まれたおサイフケータイは、かなりの人気を集めています。

この例に限らず、古くはテレビデオ、ラジカセ、現代のオフィスでは必ず見られる複合コピー機など、工業製品で多く見られる手法です。特に日本企業が得意なものです。時計に心拍計をつけて、健康を管理する製品も出てきています。「すでに存在するニーズをひとつにまとめる」という点で思いつきやすいものです。

「ひとつにまとめてコンパクトにする」だけでなく、組み合わせることで1＋1＝2以上のものが生まれることもあります。相乗効果です。

商品としては携帯電話にカメラを搭載したことで、写真を保存するというだけでなく、「共有」という新しい価値観が生まれ、大きなサービスが生まれたことはあなたも実感があるのではないでしょうか。

また、企業の合併は、シナジーという呼び名でその効果を期待しているものです。商品の企画やデザインだけをやっていた会社が、実際に製造をする工場を合併することで効率化・コスト削減を実現しただけでなく、工場が持っていた技術情報を生かした新しいデザインが生まれたという話があります。コンビニエンスストアは、様々な業種やサービスの店舗を組み合わせて一気に集客力を高めた好例です。

▼練習問題

Q　儲かっていないスーパーの解決策を考えてみよう！

例1：安く仕入れられる野菜とそれでできる料理のレシピを「組み合わせて」売る

例2：スーパーと薬局を「組み合わせて」営業する

例3：有料ショッピングバッグ販売と
　買った人への値下げを「組み合わせて」実施する

A　適応させる

Adaptとは、**これまでの成功事例を、新たな状況に適応させてみる**ことです。

たとえば、決まった時間にテレビの前に座ってくれなくなったスマホ世代の若者向けに、どうやって映像コンテンツを届けるか。

Netflix（ネットフリックス）などのサービスは、「既存の映像ビジネスを、スマホ世代の行動様式に適応させた」と言えるでしょう。

ジョギングが趣味の人向けに、イヤホンを防水にしたり、走ったまま電話で話せるようにしたりというのも同じです。

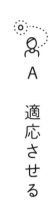

新聞社や出版社が、これまでのコンテンツを新しい端末に適応させようという試みはここ数年ずっと続いています。

読者が新聞や本に要求していたことは意外なほど多く、専用の電子インクなど様々な新しい技術や、画面のデザインを生み出しながらも苦戦しています。

▼練習問題

Q 儲かっていないスーパーの解決策を考えてみよう！

例1：セルフのガソリンスタンドのやり方を、スーパーに「適応させる」ことで人件費を削る

例2：スマホの通話し放題を「適応させて」、定額で買い放題サービスを始める

例3：健康に気を使っている人に「適応させて」、太りそうなものはいっさい売っていないスーパーをつくる

例4：料理の下手な人に「適応させて」、買った食材をその場で料理してくれるサービスを始める

M　修正する

Modifyは、**今あるものを変形させてみることで、新たな状況に対応していく**ことを目指します。

高齢者に使いにくかったスマートフォンを、「よりシンプルなものにしてみる」「ボタンの増えすぎたテレビのリモコンを、シンプルなものにしてみる」など、見方によってはダウングレードしていても、状況に合った形に変えていくことで問題解決につながります。古い住宅のリノベーション（改修）は、見た目を美しくするというだけでなく、間取りを現代の若い人たちのニーズに合うように変える、という商品の変形販売ということができます。

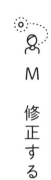

商品の形を変えるだけが、Modifyではありません。サービスの形でも同じです。

たとえばディズニーランドは、当初乗り物一つひとつに別の料金が設定されている昔ながらのスタイルでした。

そこに、乗り放題の「パスポート」を導入したり、さらには年間パスポート、そして、ファストパスなど様々な入場スタイルへと変えたりしていくことで、利便性、つまり顧客満足度を高めることを目指しています。

他にも、商品の名前をわかりやすいものに変えただけで売り上げが何倍にもなったなど、低コストの「修正」で大きな効果を上げた事例は少なくありません。

▼練習問題

Q 儲かっていないスーパーの解決策を考えてみよう！

例1：値札を値段だけではなくて、売り文句も書いてあるように「修正する」

例2：車イスや杖をついているおばあちゃんたちが、ゆっくり買い物できるように狭い通り道が多い店内を安全な形に「修正する」

例3：ひとつずつスキャンしなくても、自動で会計ができるように値札を「修正する」

P　その他の使い方をしてみる

Put to other usesは、**目の前のものを別の用途に使うことで有効活用したり、新たなニーズに対応することにならないか**という考え方です。

富士フイルムという会社は、文字通りカメラのフィルムをつくっている会社でした。

それが、デジカメの普及、さらにはスマートフォンの台頭により大きく売り上げを落としていきました。

しかし、フィルムの技術には、コラーゲンなど化粧品や医薬品でも使用されるようなものが非常に多く使われていたことに気づいて、その技術を使って新たな商品を生み出していきました。

現在、富士フイルムはフィルムの売り上げは1％未満で、ヘルスケアを中心に据える全く別業態の会社へと生まれ変わっています。

▼練習問題

Q　儲かっていないスーパーの解決策を考えてみよう！

例1：空いている場所で料理教室をするという「別の使い方をしてみる」

例2：カゴからビニールに移すのが面倒だから、カゴを家に持って帰るためのバッグとして「別の使い方をしてみる」

例3：キッザニアのようにお金をとって、働き方を学ぶ場所として「別の使い方をしてみる」

E　取り除く

Eliminateは、すでにあるものをシンプルにしてみたり、問題をあえて絞り込んでみる技術です。

高齢者向けに、あえて機能を限定したスマートフォンや、メニューを絞り込んで「○○といえば△△」というブランディングに成功したレストランなどがその例です。

スマートフォンについては、最低限の機能を最低限の価格で新興国向けに供給して、成功している会社は数多くありますし、「長持ちする」という機能を省いて低価格を実現しているファストファッションも同様です。あれもこれもの高機能・オールインワンを目指しがちな日本のメーカーには苦手な戦略だと言えます。

▼練習問題

例1：こだわりの地元食材のみにして他の商品を「取り除く」

例2：取れすぎて激安になっている食品だけを置いて、他を「取り除く」

例3：レジのサービスを「取り除いて」、自分でやらせる

R 並び替える・逆にする

Rearrangeは並び替える、Reverseは逆にするということで、**本来の順序や手順、立場を入れ替えてみる**技術です。

従来の転職サイトは、応募者は無料、採用する企業側に課金というスタイルでしたが、ビズリーチ社は応募者に課金というビジネスモデルで業界を驚かせました。

ふたを開ければ、登録料を払ってまで転職情報を求める層は、能力と転職しようという意欲が高く企業と登録者双方にとって好循環が生まれています。

早く届かない通信販売、胸が小さく見える女性用ブラジャーなど、目指す方向性をひっくり返してみることで意外なマーケットが存在したり、あり得ないということでも解決策を見つけられたりすることもあります。

▼練習問題

Q　儲かっていないスーパーの解決策を考えてみよう！

例１：自分では選べないスーパー。福袋だけを販売する

例２：太りたい人向けのスーパー。高カロリー食材だけを販売する

例３：お金をもらってから、仕入れに行く

例４：売り場を、一緒に食べたらおいしい物同士を近くに置くように並び替える

〝脚が１本折れたイス〟の新しい使い方とは？

簡単な例で、ＳＣＡＭＰＥＲの練習をしてみましょう。

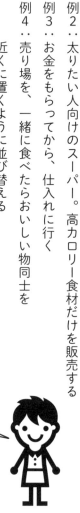

Q あなたの目の前に脚が1本折れてしまっているイスが一脚あります。
これをSCAMPERで乗り越えてみましょう！

ここでは、私の塾に通う小学生の解答例をご紹介しておきます。

S：Substitute（代用する）

折れてしまった脚の部分の長さと同じ長さだけ本を積み重ねて安定させる

C：Combine（組み合わせる）

もうひとつの壊れていないイスにくっつけて、2人用のベンチにする

A：Adapt（適応させる）

スポーツマン用に、バランス力を鍛えるイスとして活用する

M：Modify（修正する）

残った3本の脚の位置を付け替えて、バランスをとれるようにする

P：Put to other uses（その他の使い方をしてみる）

プロレスの乱闘用にリングサイドに置いておく

E：Eliminate（取り除く）

他の3本の脚を取り除いて座イスにする

R：Rearrange（並び替える）・Reverse（逆にする）

さかさまに置いて、3本の脚を洗った靴を干すために使う

問題によっては使いにくいフレームワークもあると思いますが、それこそ他の人が思いつかない案を生み出すポイントでもあります。普段から練習しておきましょう。

フレームワークという〝過去の事例〟から仮説をつくってみよう

「過去の事例を整理すると、このように分類できる」だから、〝この視点に従ってチェックしてみよう〟というのがフレームワークです。

ＳＣＡＭＰＥＲ以外にも、いろいろなフレームワークが、いろいろな偉人たちによってつくられて、紹介されています。

また、社会人として経験を積んでくると、それぞれの問題解決の定石パターンができ上がってくるものです。

たとえば、「車の調子が何かおかしいので整備してほしい」という、お客さんからの要望に対して、ベテランの技術者ならば**「こうすれば良くなるかもしれない」というチェック項目をいくつか持っています。**

それらを、素早く試すことで問題を解決できるのです。

営業などの現場でもお客さんの「売り上げを上げてほしい」「効率の良い業務手順を考えてほしい」などという結果の要求に対して、「どのような提案がうまくいくのか」という答えの「候補」をいくつか持っているものです。

ですから、あなたも現場での貴重な経験を自分のものにしていくのと同時に、先人たちの事例であるフレームワークを活用して、「こうすればこの問題は解決できるのではないか」という仮説をつくる力を高めていきましょう。

たとえば、「極端な逆」を考えてみる

得意な形にこだわりすぎないことが、フレームワークを使うことの利点です。

ですから、ひとつのフレームワークにこだわりすぎることなく、様々な人の本などを読んで、「使えそうな視点はないかな?」と確認してみることも大切です。

一見使い道がなさそうなフレームワークでも、身近な問題に対して無理やり使ってみることで、のちに意外な場面で役立つことも少なくありません。

メモをとったり、時々見直したり、整理してみることで自分のものにしていきましょう。SCAMPERは、ひとつのフレームワークにすぎません。

たとえば、以前、「まずは、極端な逆を考えてみる」という視点で突破口を探すという経営者にお会いしたことがあります。

未知の問題を解決するのに、どんな策がうまくいくかというのは誰にもわかりません。

世の中の結果を見渡しても、「そんな策がうまくいくなんて」というものも少なくありません。

私たちには「こうすれば解決できるかもしれない」という仮説を幅広く、そして前例にとらわれすぎずに生み出す技術が必要なのです。

仮説と評価はセット——ムダな努力をしないために

仮説はあくまで仮説ですので、やってみなくてはうまくいくかどうかはわかりません。幅広く考えついた解決のための仮説を、いよいよ実行する段階で考えるべきことはなんでしょうか。

それは、評価です。

いろいろな観点で評価しておくことで、仮説を試す順序などを考えることができます。たとえば、金銭的に制限がある場合には、それぞれの案について「どれくらい費用がかかるのか」を評価しておくとよいでしょう。

時間的制約などの要素についても同様です。**仮説の実行と検証は素早く、低コストで繰り返すことが大切**です。

ちょっと考えれば、ちょっと調べれば、そもそも無謀な案だということがわかったというような作業は、ぜひ頭の中だったり、手を動かしたりすることで済ませておくようにしたいものです。

仮説の評価軸をつくる

では、仮説の評価力を高めるための練習問題に取り組んでみましょう。

Q 算数が苦手なカリノ君は、どうすれば算数が得意になるのか？

ということを悩んでいました。そこで3つの案を思いつきました。

1 算数の問題集を買ってきて自分で取り組む
2 家庭教師の先生に教えてもらう
3 学習塾に通う

インターネットで調べたところ、どの方法でも「成績が上がった！」という人もいれば、「あまり効果がなかった」という人もいるようで、自分に合った方法を選ばなければならないということがわかりました。

でも、どれが自分に合っているのでしょうか。カリノ君には、もちろんわかりません。

そのとき、カリノ君は、学校の先生が言っていた、「何事も試してみることが大事なんだよ」という言葉を思い出しました。

そこで、友達と一緒に、楽しく学べそうな学習塾に通ってみようと決めました。

そして、近所のいくつかの学習塾のパンフレットを取り寄せました。どれも楽しそうな教室の雰囲気が伝わってきます。

また、優しそうな先生の写真や、積極的に取り組めそうなカラフルなテキストが紹介されていました。

どの塾にも学校の友人が何人か通っているので、すぐに馴染《なじ》むことができそうです。

友人たちに話を聞いたり、インターネットで情報を集めたりして、数日にわたって調べて3つの塾に絞り込みました。

いよいよ体験授業に申し込みます。電話をしてみました。

すると、3つの塾はすべて算数と国語と理科と社会の4科目をまとめて受講しなくてはならず、週に4日通う必要がありました。

カリノ君は、サッカーを習っているので週に4日も通えませんし、算数以外は得意なので受講するつもりもありません。

お母さんには、「パンフレットに書いてあったじゃないの。しっかり読みなさいよ」と言われてしまいました。

「時間のムダだったな」とカリノ君は思いました。いろいろ調べていた時間で、算数の勉強でもすればよかったと、とても後悔しました。

お母さんは、「問題集も家庭教師も塾もいいけど、あなたが優先したり、譲《ゆず》れない条件もあるんだから、まずはそれらについて考えてみなさいよ」とアドバイスしてくれました。

仮説について〝事前に調べておくべき条件〟を出しておこう

カリノ君にとって、サッカー教室の時間というのは譲れない条件でした。ですから、

1 サッカーの時間と重ならず、算数だけの勉強ができる

ということは、仮説を評価する上で重要な点です。これだけで、ピックアップした3つの塾は候補から外れてしまいました。サッカーの練習と重ならない時間で、算数だけを受講できる塾を探す必要があります。

また、この条件ですと、「問題集に自分で取り組む」と「家庭教師に教えてもらう」ことも魅力的な案です。

さらに、「他にも考えなくてはいけない要素があるのではないか」ということを検討

してみました。
お母さんは、「あんまりお金はかけられないわ」と言っていたので、

2 毎月の授業料

も、事前に調べておく必要があります。
その他にも、

3 苦手な自分にもわかりやすく学べるか
4 あきっぽい自分でも続けられる環境か
5 理解度を確認できるか

という条件も、自分にとって大切だということがわかってきました。それぞれの候補について、各条件を調べてまとめてみました。

1　学ぶ日時について

問題集A：自由
問題集B：自由
家庭教師Cさん：自由
家庭教師Dさん：サッカーと重なっている
学習塾E：サッカーと重なっている
学習塾F：サッカーと重なっていない
学習塾G：サッカーと重なっている

そうすると絶対に譲れない条件1によって次の4つに絞り込むことができました。

「問題集A」「問題集B」「家庭教師Cさん」「学習塾F」について引き続き調べて、3段階（◎3点、○2点、△1点）で評価してみました。

2　費用について

問題集A：700円　◎3点

問題集B：1200円　◎3点
家庭教師Cさん：毎月1万6000円　△1点
学習塾F：毎月7000円　○2点

3 苦手な自分にもわかりやすく学べるか

問題集A：それなりにわかりやすい　○2点
問題集B：少し難しい　△1点
家庭教師Cさん：丁寧に教えてくれる　◎3点
学習塾F：それなりにわかりやすい　○2点

4 あきっぽい自分でも続けられる環境か

問題集A：つまらなそう　△1点
問題集B：イラストがやる気をすごく出させてくれそう　◎3点
家庭教師Cさん：やさしくてそれなりに楽しそう　○2点

学習塾F：やる気を出させてくれそう　○2点

5　**理解度を確認できるか**

問題集A：単元ごとに確認テストが付属している　◎3点
問題集B：学校のテストを受けるまでわからない　△1点
家庭教師Cさん：単元ごとに確認テストをつくってくれる　◎3点
学習塾F：月に1回の確認テストがある　○2点

各評価軸に重みづけを行なう

「通うことが不可能」という条件でしたら絞り込むのに困りませんが、他の条件はそうではありません。

ここでは、「どれを重視するのか」について考えなくてはいけません。

各条件をどのように重みづけするのかということは、状況によって変わってきます。

社会人ならば、様々な環境要因が違ってきます。

予算、人員、期限、様々な利害関係者の思惑など、明確に順位づけをすることは難しいとは思います。

しかし、**考えるべきポイントを洗い出しておくことは、あらゆる場面で議論を明確にしてくれることでしょう。**

今回は、個人の問題です。これも「自分にとって何が大事か」という非常に難しい問題を含んでいます。

「明確に判断できる条件」「試してみたほうが良い条件」などは、普段から判断の基準として考えておくと楽になります。

「見える化」することで判断しやすくしてしまおう

それぞれ、
問題集Aは9点
問題集Bは8点
家庭教師Cさんは9点
学習塾Fは8点

です。なかなか甲乙つけがたい点数です。ここで、重みづけを考えてみます。親子で話し合った結果、

2の、費用は非常に大事なので3倍にする

3は、主な目的なので2倍
4は、自分にやる気があるので1倍
5は、苦手克服に大事なので1・5倍

という重みで考えることにしました。

すると、

問題集Aは18・5点
問題集Bは15・5点
家庭教師Cさんは15・5点
学習塾Fは15点

となりました。これにより問題集Aに取り組むことに決めました。
「そんな単純には決められない」という思いも出てくることと思います。しかし、何より**「決めずに現状のまま時間が過ぎてしまうことが一番のリスク」**という考え方を常に忘れないでいただきたいのです。

ある程度単純化してでも、決断をする。

単純化することによって、その案のリスクについても明らかになっているはずです。

たとえば、今回は問題集Aを選びましたが、「問題集のつくりがつまらなそう」というリスクが残っているのです。

そのリスクについて、「決断後になんらかの策を講じることによって乗り越えるのだ」という考え方が必要なのです。

孫正義氏の判断基準とは？

孫正義氏は、「結果としてのインパクトがどれだけ大きいか」を判断基準として重きを置いていると言います。

また、稲盛和夫氏は「損得」以上に「善悪」、より詳しく言えば「利他の基準」で判断をすると語っています。

判断においては、時間、資金などの制約条件、損得などの経済的条件、そして生き方の哲学など様々な基準が存在します。

大事なのは、それらを自分の中である程度明らかにしておくことです。そして、すべてを満足させる案は滅多にないのですから、**自分の下した決断がどのような長所と短所を持っているかを理解すること**です。

そうすれば、決断後の行動でさらに良いものにしていくことができます。

逆に言えば、事前に長所短所を整理できていないと、決断後の行動が後手に回ることになり、改善の機会を逃してしまいます。

良い仮説は〝具体的なアクション〟を含む

たとえば、小学生が、**「算数の成績が良くないのは、計算能力が低いからかもしれない」**という仮説を持ったとします。

これは原因について、大きく外れてはいないであろう悪くない仮説です。しかし、私たちの最終目標は診断ではなく問題解決です。そのため、さらに一歩進んで、**「算数の成績が良くないのは、計算能力が低いからかもしれない。それは、毎日の繰り返し練習によって克服される可能性がある」**というように、具体的なアクションにまで掘り下げていくことが大切です。

たとえば、「復習ができていないから成績が悪い」という仮説を、掘り下げてみると、「テレビゲームの時間に圧迫されて、復習ができていないので成績が悪い」というところまで考えることができます。

ここまでくれば、「テレビゲームの時間を制限する」や「テレビゲームを捨てる」などの具体的なアクションにつながります。

そうすると、「その結果を検証する」という次のステップに進むことができるのです。具体的な行動を含まない仮説は、いくつつくり上げても検証できないわけですから役に立ちません。

「あり得そうな仮説」をいくつも挙げていると、なんとなく作業している気持ちになってしまいます。

会議などでも、「あれもあり得る」「これもあり得る」ばかり挙げている人がいますが、あくまで「仮説は検証ができてなんぼ」ということを忘れてはいけません。

小学生がやっている「仮説を掘り下げる問題」

たとえば、次のような仮説をアクションにつながるように（可能ならアクションまで）掘り下げてみましょう。

あくまで、仮説です。「こんなアクションなんて意味がないかも」などという不安は不要です。3問ありますので、少し考えてみてください。

Q1　昨日のマラソン大会で負けたのはシューズのせいだろう

《Q1解答例》
「シューズのサイズが適切ではなかったからだろう」

「シューズ」が適切ではない、という要素はたくさんあります。サイズかもしれませんし、重さかもしれません。

古すぎて劣化していたのかもしれませんし、コースの路面状況にあったモデルではなかったのかもしれません。

「サイズが適切ではなかった」という仮説まで掘り下げると、「それではサイズを適切にするにはどうすればよいか」という一歩進んだアクションにつながります。

「専門店で店員さんに、足の大きさを測定してもらい、選んでもらう」といった具合にです。「中敷《なかじき》を入れてぴったりにしてみよう」という案もあり得るでしょう。

いずれにしても、具体的な行動に移すことで、「シューズのサイズが原因である」という仮説が正しいかどうかを検証することができるのです。

ここで注意してもらいたいのが、**仮説を深掘りすることなく、仮説の数を増やしても混乱を巻き起こすだけ**だということです。

「いや、シューズのせいではなくて、体調のせいだったのかも」「靴下のせいかもしれない」「そもそも道具のせいにしてはいけない」

これらはすべて、掘り下げが足りません。

往々にして、仮説を考える会議では、このような意見が乱発されがちです。数よりも、「仮説検証の可能性」を重視して仮説はつくっていきましょう。

Q2 成績が伸びないのは勉強の効率が悪いからだろう

《Q2の解答例》
「毎日、何を勉強するのかを決めるのに時間をとられているので、1週間の勉強スケジュールを決めておくと良いのではないか」

「効率が悪い」は、学習塾の現場でも、大人が働く会社でも非常によく耳にする言葉です。どんな人にも効率性については改善の余地があるはずなので、なんとなく正しいことを言っている気がします。

しかし、「では、具体的にどうすればいいのか?」という点に踏み込んだ仮説はあまり聞けることがありません。

何度も述べますが、仮説はあくまで仮説です。この解答のように、スケジュールを決めることが絶対に正しいかどうかはわからないのです。

しかし、スケジュールを決めて実行し、その結果を検証するという作業を素早く進めることが何より大切です。

この解答は、具体的なアクションまで推し進めている点で優秀な仮説です。

推し進めると「ちょっと待って、それで本当に効果が上がるのかな」という声を上げる人が必ずいますが、**その議論自体は空想的な話になるだけ**です。あくまで、**実行検証を素早くするほうが効果が早く出ます。**

Ｑ３　わが社の車が売れていないのは、人々の車離れではなく、他社との比較で負けているからだろう

《Ｑ３の解答例》

「車の性能ではなく、売る営業力で負けている。価格と宣伝について見直そう」

少し社会人向けの問題です。「他社に負けるな」という漠然とした発破をかけられている現場のうんざりした表情は多くの企業で見られるものです。

全く具体的なアクションに結びつかない指示です。しかも、そんなことは誰もがわかっているというものです。

「競合車種に比べて性能が劣っているのかもしれない」「競合は別のジャンルの車種なのかもしれない」

会社などでは一歩踏み込んだ仮説を立てるたびに、「いや～、そうじゃないんじゃないかな～」という声を上げる人がいますが、**仮説に文句は厳禁**です。

それは全く責任を伴っていない、さらに言えば効果も伴っていない独り言でしかないのです。

これは、小学生のつくった解答ですが、それでは「価格を下げてみよう」というアクションが見えてきます。

宣伝も、「買ってもらいたい人が読んでいる本や見ているテレビ番組、ウェブサイトを調べて広告を出していく」という大人顔負けのアクションを発表してくれる生徒もいました。

仮説検証をするなら〝周りを巻き込む〟こともひとつの手

仮説検証に慣れていない組織では「なんでそんなことが言えるの？」「なんか違う気がする」という声によって、議論を止めてしまう傾向があります。

声を上げている本人たちは、議論を止めている気はありません。彼らなりに深めているつもりなのです。

仮説に仮説で反論しても、何も検証できません。その場で立ち往生して終わりです。最後には、なんとなく立場が上の人の声に従って終わりでしょう。

また、個人で仮説検証をしていても、自分で自分につっこみを入れすぎて、思考停止に陥ってしまうこともあります。

仮説検証で成長できる組織をつくるには、議論のルールをしっかりと浸透させる必要があります。

1　否定はしない

2　深掘りを目指す

が基本です。さらには、

3　立場が違う人と議論をしてみる

というのも、思いがけない仮説を生み出すポイントです。

SCAMPERの技術で言えば、Reverseで考えることができるきっかけになるでしょう。

仮説を後押しするのはクイック&ダーティー

仮説検証は、クイック&ダーティーが基本です。

これは、従来の日本人の仕事感覚では非常に苦手なものになります。

「じっくり・こつこつ・丁寧に」こう考えている人も多いでしょう。

しかし、失敗は成功のもとなのです。

誰もやったことのない作業や、他の誰でもない自分のことであれば、失敗しなくては見えてこないことがあるのです。成功事例は自分でつくるしかありません。

たとえば、リーダーなら、クイック&ダーティーを怖がらない組織をつくる必要があります。成長しなかったり、失敗を不必要なほど隠したりという組織を支配しているのは実はそういった恐怖心です。

素早い検証と改善によって、失敗を成功への足がかりにできるという前向きな気持ちを常に持たせるべく声がけをしなくてはいけませんし、そういった成功事例を評価してあげなくてはいけません。

たとえば、小学生が通う塾では、テストの結果を気にしすぎてしまう生徒がいます。点数を隠したり、ごまかしたり。子供たちは、まだ「失敗」から学んだり、立ち直ることで成長するという成功体験がないから、とにかく失敗から逃げたくなるのです。

私の塾では「テストはできないものを見つけるもの」というところから一歩進んで、「できない部分を、先生や友人に伝えて教えてもらうことができる生徒はえらい！ 伸びるよ！」と常に声をかけています。

すると子供たちは、素直に「○○がわからない」「○○が苦手」ということをしっかりと表現して、真摯《しんし》に改善しようという行動に出るのです。

失敗から学べない人間が、他人の失敗にも厳しくなる。

私はそんな悪循環に陥っている日本社会を、前向きに変えていきたいという気持ちもあり、この本を書いています。

人生は一勝十敗でいい

失敗経験は個人としてもおいしいし、会社としても確実な経験になります。他人のせいにして逃げるなんてもったいないのです。

たとえば、営業先でのプレゼンテーションにしても、先輩のお供に徹するのは、もったいないのです。自分なりのストーリーでプレゼンをし、失敗すると、次に修正できます。

ここで、何も考えずに上司の修正案でプレゼンすると、次の機会（しばしば、さらに大きな舞台）に失敗することになります。

致命的な失敗をしないように、普段から小さく素早く失敗しておく。失敗を反省しておく。

失敗事例を集めておくと、大きな失敗を逃れられます。

普段から、「小さな決断」で「小さな経験」を「低コストで積み重ねておく」ことが武器になります。

この経験が次第に自分を成長させ、より大きな仕事につながるのです。

他人が立ち止まっている間に十回失敗して一回成功しているのが一流の人なのです。

3
時間目

解決力の高い人の「論理的に考える」技術

～どうやって、仮説を確かめて、学べばいいの？～

「僕は、どうすればヒットが打てるの？」

「仮説を立てて、それを実行し、その結果から学び、次に生かす」というサイクルを素早く回していく人が、問題を解決できる人です。

そこで大事になってくるのが、論理的にものを考え、判断していくことです。

まずは、私の運営する学習塾ロジムで扱っている問題をご紹介しましょう。

ロジオ君は野球の練習をしています。どのようにしたら、うまく打つことができそうなのか、道具や打ち方などを変えてそれぞれ1週間試してみました。

その結果が次の表です。

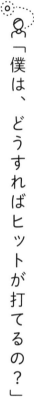

実験番号	バット	右打ちか左打ちか	足を上げるか	結果の打率
実験1	重い	右	上げる	0・265
実験2	軽い	右	下げる	0・262
実験3	軽い	左	上げる	0・288
実験4	重い	右	下げる	0・245
実験5	重い	左	上げる	0・270

では、どのような打ち方が良いのでしょうか？

【どう考えればいいのか？】

実験2と4の比較、もしくは、実験3と5の比較で「軽いほう」が打率が良い

実験1と5の比較で左打ちが打率がいい

実験1と4の比較で足を上げたほうが打率がいい

よって、

「軽いバットで左打ちで足を上げると打率が良いはずだ」

という結論に至ります。

比べるには、比べたい要素以外を揃えておくことが必要です。

論理的に考えるコツは「差を明確にして比較する」こと

物事は、様々な要素が絡み合っていますから、できる限り要素を明らかにして正しく比較することが大切です。これが、論理的に考える技の基本となります。

「総合的に見て」という考え方は、次の打ち手が明確にならないので、できる限り排除したいものです。

一流の料理人は、新しい料理の試作段階では、塩こしょうの分量に至るまですべて

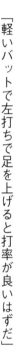

の材料について記録をとって、どれが良い味だったかを比較します。材料のみならず、その日の天候などまで細かく記録をとっている、という人にもお会いしたことがあります。

理系で実験室にこもったことのある人でしたら、実験に関してはそのたびに何を変えて実験したのかを必ず考え、記録するというのは当然のこととして教え込まれていると思いますが、この姿勢はビジネスや私生活でも役に立ちます。

ロジカルシンキングとは、「そこから言えることを引き出す」作業

仮説を立てて、それを実行してみる。

その結果を目の前にして、「うまくいかなかった」「うまくいった」で終わらせるのではなく、「この結果からわかったことは何か」を正しく読み取って、次に生かすべき

です。

これこそ、「論理的思考」や「ロジカルシンキング」です。

定義については、

「今ある情報をもとに、多くの社会人にとって納得感のある形で、様々な〝そこから言えそうなこと〟を考えていくこと」

というくらいにとらえておいてください。それよりも、具体的な「技」について体感していくことが大切です。

先の野球の打ち方の実験の問題で扱ったのは、「差・違いを明らかにする」という技術です。

そうしなければ、どの要素が結果に影響を及ぼしているのかがわかりませんし、さらにはどれを改善したらいいのかがわからないのです。

問題解決の3時間目は、**仮説を実行した結果を最大限生かす技術**を学びます。

この技術を身につければ、ひとつの失敗からいくつもの改善策や、非常に大きな改善ポイントを得ることができます。

また、思いも寄らない落とし穴を避けることもできるようになります。
では、ここで問題を解いてみてください。
みなさんも小学生のときに、やったことがある問題かもしれません。理科の問題です。

▼練習問題

そら豆の種を、様々な状態において発芽するかどうかを観察しました。
以下の結果を元にそら豆の発芽に必要な条件を考えてください。

実験番号	温度	光	水	肥料	空気	発芽
実験1	20度	与えた	与えた	与えなかった	与えた	した
実験2	5度	与えなかった	与えた	与えた	与えた	しなかった
実験3	20度	与えた	与えた	与えた	与えなかった	しなかった
実験4	20度	与えた	与えた	与えた	与えた	した
実験5	20度	与えなかった	与えた	与えた	与えた	した

【どう考えればいいの？】

実験２と実験５の比較により、温度は20度程度が必要
実験４と実験５の比較により、光は必要ない
実験１と実験４の比較により、肥料は必要ない
実験３と実験４の比較により、空気は必要

さて、水に関してはどうでしょうか。すべての実験で水を与えているので、水に関しての比較ができません。

では、どのような実験を加えればいいのでしょうか。

それは、「水」の有無以外はすべて同じ「発芽する」条件にして比較することです。発芽しない条件で揃えてしまうと、水の有無にかかわらず「発芽しない」という結果が出てしまいます。

よって、実験１と比較することにすると、

実験6「温度20度　光を与えた　水を与えなかった　肥料を与えなかった　空気を与えた」

という実験を行なうべきです。

もし結果が、「発芽した」ならば、水は必要ないことになります。「発芽しなかった」場合は、水が必要だということができます。

ロジ子さんはロジム大学に合格できるのか？ ——演繹と帰納について

ロジカルな推論の方法に、演繹《えんえき》と帰納《きのう》があります。身につけておくと問題解決に役立ちますので、ご紹介します。

【ロジオ君の検証結果】

ロジム大学に合格した山田君も田中君も鈴木君も、Ａという問題集をやっていた。

ここから導き出せることとは？

「ロジム大学を目指しているロジオ君もＡという問題集をやるべき」

これは日常で、よく使われている推論です。これまでの似た、もしくは同様の状況の事例があるから、次に同じような事例が発生した場合、同じような結果が期待できるという考え方です。

すぐにお気づきかと思いますが、１００％同じ結果が保証されるわけではありません。

しかし、未来が未確定である以上、類似の事例を集めて、結果を予測するというのは自分自身が踏み出す上でも、組織として意思決定する上でも納得感は高いものです。

この推論の方法を、「帰納」と言います。

【ロジ子さんの仮説】

ロジ子さんは1学期の成績が学年トップだった。1学期の成績が上位の人から順番にロジム大学への推薦入学が得られる。

ここから導き出されることは？

「ロジ子さんがロジム大学への推薦入学を希望すれば、認められる」

子供向けの教材からの出題なので、少しわざとらしい設定です。一応この結論は、論理的には100％正しいと言えます。

「一応」というのは、どういうことでしょうか。

あなたは、もうお気づきかもしれません。それは前提である、「1学期の成績が上位の人から、順番にロジム大学への推薦入学が得られる」ということが100％正しい場合です。

「成績は上位でも素行が悪かったら？」などの例外がないということであれば、ロジ子さんはロジム大学への推薦入学ができます。

こちらは、ある個別の事柄（ロジ子さんは1学期の成績が学年トップだった）と、大前提やルールなど100％正しい規則（1学期の成績が上位の人から順番にロジム大学への推薦入学が得られる）を組み合わせて、そこから確実に言えることを導くという推論です。**これを、「演繹」と言います。**

仮説を実行に移した結果を目の前にしたとき、そこから言えそうなことを考えると、次のアクションにつながります。

100％言えること（演繹）なのか、あくまで確率の高そうなもの（帰納）なのか、しっかり区別することが重要です。

また、「演繹」も「帰納」も使う上での注意事項がありますので、それらを確認していきましょう。

「自分に都合のいい事例」を集めていないか？

帰納は、前例主義と言い換えてもいいかもしれません。**類似の出来事で予想すること**です。

先ほどの例でも、結果を保証するものではありませんが、ロジオ君がA問題集に取り組むことは多くの人から賛成されるでしょうし、結果が出る確率は非常に高くなりそうです。

実際、未来のことを考える上では、この帰納的に推論する能力というのは決定的に大切です。

「そんなことは誰でもわかっているよ」と言われそうなので、私たちの教室で逐一チェックしている帰納の注意点についてお話ししたいと思います。

それは、**「過去の事例と目の前の事例は、本当に類似しているのか」**ということです。

先ほどの問題集の事例で言えば、合格した3人はとても優秀で、最後の仕上げに難しいA問題集をやっていた。しかし、自分はまだ基礎が足りない段階である、というような場合があります。

つまり、**「目指す目標は類似しているが、現状は類似していない」**ということです。

こういう場合、「A問題集に取り組む」という比較的簡単な行為によって合格できるのではないかという誘惑に引っ張られて、自分に都合の良い「類似」の事例を集めていたり、不都合な部分に目をつぶり都合の良い部分だけを抜粋して「類似である」と認定したりしているのです。

例をご紹介していきますので、帰納の注意点に関するチェックポイントをつかんでいってください。

《例》

A社もB社もC社も、このサイトに求人広告を出したところ、優秀な人材を獲得できたという。だから、わが社もこのサイトに求人広告を出そう。

【確認ポイント】
A、B、C社の状況は本当にわが社と同じなのだろうか。
いつの間にか、この求人サイトに広告を出すことを前提で考えていないか？（求人サイト側の営業トークと同じになっていないか？）

3社は非常に有名な会社なので広告を出せば目立つが、無名なわが社はサイトで目立つことがなく、同じような結果は出ないのではないか？

《例》
私は、3回連続して他社とのコンペに敗北している。だから、次回も敗北する。

【確認ポイント】

前3回のコンペと、今回のコンペは同じものなのだろうか。さらに、前3回と今回のコンペは同じプレゼンテーションをするつもりなのか。

相手が変わって、自分も変わっていれば違う結果があり得るのではないか。

これらの例は、いずれも「結論ありき」で類似性の判断を見誤っていたり、思い込んでいたりする、非常によく見られるものです。

逆に言うと、売り手の都合に合わせて類似性をアピールするような帰納に引っかからないようにしなくてはいけません。巷《ちまた》には、そのような広告があふれています。

前例主義者は言い訳思考？

前例主義に関わる注意点は、「前例自体に責任があるので、今回の決断に落ち度はない」という考え方をしてしまうことです。

「成功事例があるから、それをふまえて今回もその方向で行きましょう」

決断責任の半分くらいは回避できている気がしてきませんか？

しかし、私たちの目的は、決断自体ではありません。あくまで、問題解決が目的です。

成功事例の有る無しにかかわらず、決断した後は、目の前の結果がすべてです。それについて、その後の修正案へと思考を進めていくことが大切です。

「過去の人たちの事例によって今回の決断に至ったのだから、決断に関して自分の責任は軽い」

「失敗しましたが私の独断ではなく、過去の人たちの事例に乗っかったのです」

という言い訳思考で頭がいっぱいになることが多いのは、前例から考えることが決断の苦悩をかなり下げてくれているからでしょう。

あくまで、帰納的に考えた仮説は、確率が高いと思われる不確定なものにすぎません。素早く事後処理にあたることが大切です。

「個別の事例」と「普遍的な事例」を組み合わせて推論する

次は、先ほどの大学の推薦合格の例を挙げた「演繹」について取り上げます。

【例文】

今雨が降っている。雨が降っている日は傘が売れる。だから今、傘を売り場に出せば売れる。

演繹の特徴は、「個別の事例」と「普遍的な規則」を組み合わせて推論をすることです。「今雨が降っている」という個別の事例を、「雨が降っている日は傘が売れる」という普遍的な規則に照らし合わせて、さらに一歩進んだ「傘を売り場に出せば売れる」という推論をしています。

演繹の特徴は、その結論は100%正しいと言えることです。ただし、「普遍的な規則」が本当に100%正しいのであればです。

この例の場合は、**「雨が降っている日は傘が売れる」ということが100%正しいのであれば、「今、傘を売り場に出せば売れる」**が正しくなります。

「このような100%正しいとすると」という議論は、あまり現実的ではありません。

次のような、数学の証明などではわかりやすく成立しています。

(個別の事柄) 目の前の三角形はひとつの角が30度でもうひとつの角が40度である

(普遍的な規則) 三角形の３つの角の和は１８０度である。

よって、残りのひとつの角は１１０度である。

といった具合です。

では、演繹の簡単な問題に取り組んでみてください。

▼練習問題

私が飼っているポチは犬である。

犬は動物である。

【解答】

私の飼っているポチは、動物である。

▼練習問題

銀行にお金を借りにきた山田さんは、借りたい金額と同じ価値の担保を持ってきた

銀行は担保と同じ金額まで貸し出す

【解答】

山田さんは、借りたい金額を借りることができる

推論が正しい根拠として、一般的な「ルール」や普遍的事実という少し抽象的なものを使っています。

ですから、この部分が本当に100％正しいのかという点について確認が必要です。

法律やビジネスの契約などの場面では、非常によく使われる論法です。法律や文書で交わした契約というのが、ほぼ100％正しいルールとして運用できるからです。

▼**例題**
Aさんは人のものを盗んだ
人のものを盗むと窃盗罪になる

【解答】
Aさんは窃盗罪になる

▼**例題**
Bさんは家賃を3カ月滞納した
Bさんと大家さんは家賃を3カ月以上滞納したら
退去するという契約をしている

【解答】
Bさんは退去する

いかがでしょうか。理解しやすい論理的思考だと思います。

スポーツドリンクの宣伝に「若手女優を起用する」と本当に売れるのか？

先ほど、「１００％正しいとすると」という注意書きをしました。そんなことは滅多にないので、使う場面はなさそうだと思われるかもしれません。

しかし、実際は頻繁に使っています。

先ほどの例である、

「今雨が降っている。雨が降っている日は傘が売れる。だから今、傘を売り場に出せば売れる」

といった話です。

「雨が降っている日は傘が売れる」

は100％正しいとは言えません。しかし、同意を得やすいものです。

みなさんの会社の中でもこのような推論が行なわれて、決断されている事柄も多いはずです。

新しいスポーツドリンクを売り出す
「スポーツドリンクの宣伝は若手女優を起用すると売れる」
よって
「今回の新しいスポーツドリンクの宣伝には、若手女優を起用する」

これは、正確には、

〝スポーツドリンクの宣伝は、若手女優を起用すると売れる〟

ではなく、

「スポーツドリンクの宣伝は、若手女優を起用すると売れた過去の事例がある」

ということなのですが、これを未来にも当てはめることができる一般法則へと切り替えているのです。

一般法則の部分に、過去の事例や経験則などを入れて導き出された推論は、演繹のルールに従えば100%正しいとは言えなくなります。

この論法を活用するときには、100%正しいとしていいのか、そうではないのかを入念にチェックしておかなくてはいけません。

〝隠れた前提〟を見落とすと、最後にどんでん返しにあう

これは、有名なひっかけ問題です。

（個別の事柄）私の飼っているポチはよく吠える
（一般的な事柄）よく吠える犬は臆病《おくびょう》である
よって

「私の飼っているポチは臆病である」

先ほどの解説の通り、

「よく吠える犬は臆病である」の部分が100％正しいなら、「私の飼っているポチは臆病である」と言えそうです。

しかし、この推論はまだ100％正しいとは言えません。

よく読み直すと、「私の飼っているポチ」が犬だとはどこにも書いていないのです。

つまり、「私の飼っているポチは犬である」という前提は書いていないにもかかわらず、「私の飼っている犬はポチである」と決めつけてしまっているのです。

ちょっと意地悪な小学生向けの問題でしたが、実はこのように**知らず知らずのうちに「書いていない前提」を付け加えてしまっている場合があります。**

「書いていない前提」を付け加えてしまうことを予防する意味でも、有名な例をご紹介します。

▼例1

この森は世界自然遺産にも指定された非常に貴重なものです。

よって、

「道路を整備しましょう」

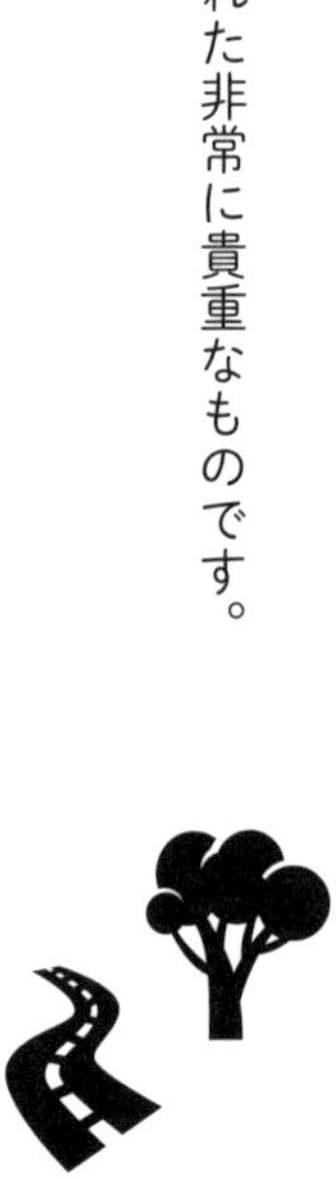

▼例2

この森は世界自然遺産にも指定された非常に貴重なものです。

よって、

「道路をつくってはいけません」


例1には、「世界自然遺産には人が多く訪れるので、受け入れるための道路が必要だ」という前提が隠れています。

例2には、「世界自然遺産は、人工物を加えずにそのままの形で保存されなくてはならない」という前提が隠れています。

身近なやりとりでも、隠れた前提が原因で大きなすれ違いが起きることはよくあります。

ゼロベース、つまりなんでもありでアドバイスしてほしいという経営者に、コンサルタントが経営陣の刷新を提案したところ、「それは無理だ」と拒否されたという話はよくあります。

これは、「相談している経営者の利益を確保した上で」という前提が隠れているからです。

営業の場面でも同じように、相手は〝言葉にしていないけれど、実は譲れない部分〟を「隠れた前提」として持っている場合があります。

たとえば、私たちの関わっている学習塾で学習指導をする場合でも、隠れた前提を見つけることは非常に重要です。

保護者や生徒からの「成績を伸ばしたい」という要望があったときに、「補習をしましょう」「個別指導をしましょう」といった提案をしても、しばしば拒絶されます。

保護者も生徒も「補習」や「個別指導」という、本来の授業から離れた場所で指導を受けると、なんだか自分がすごくできない人間になった気がして、やる気がなくなってしまうのです。

つまり、「成績を伸ばしたい」けれど、「『自分が現状では成績が良くない、勉強が得意ではない』という現状認識は受け入れられないので、そのような環境に置かれる案は除く」という隠れた前提があるのです。

このように、私たちの周りで使われている演繹では、

①絶対正しいかのように述べられているルールは、本当に100%正しいのか？

ということは、もちろんのこと、

②隠れている前提条件があるのではないか？

という、2つ目の注意点があります。

人と人のやり取りの中では、常に神経質になる必要があるのです。

田中君はK中学に合格できるのか？

では、演繹を深く理解するために、練習問題を解いてみましょう。
次の演繹の推論を完成させてください。

▼練習問題

A：田中はW中学校の生徒である。
B：W中学校には男子しか入学できない。
よって
C：

【解答例】 C：田中は男子である。

Aが個別の事柄、Bが一般的なルールです。Bが100%正しいとすれば、田中は男子です。

▼練習問題

A：株式会社ソミーでは、2年連続赤字の事業は撤退することにしている。

B：

よって

C：ソミーのスマートフォン事業は撤退する。

【解答例】 B：ソミーのスマートフォン事業は2年連続で赤字である。

小学生の誤答例でよくあるのが、次のようなAを無視しているものです。

「ソミーのスマートフォンはとても格好が悪い」

「ソミーのスマートフォンは全く売れない」

「ソミーのスマートフォンはとても使いにくいという評判だ」

いずれも撤退する要因になるかもしれませんが、あくまで可能性です。Aと解答例を組み合わせれば間違いのない推論になります。

▼練習問題

A：田中君は夏の模擬試験でK中学校の合格確率は40％だと予想された。

B：

よって

C：田中君はK中学校を受験する。

【解答例】 B：田中君は合格確率が40％以上なら受験すると決めていた。

BにはAという個別の事柄から、Cの「受験をする」という結論につなげるための「ルール」を入れることになります。

この誤答例には、

「しかし、田中君のお父さんはどんな状況でも受験をあきらめるなと言っている」

「しかし、田中君はあきらめるのが嫌いな性格だ」

「しかし、田中君は本番に強い」

など、Aを無視している解答例が散見されました。

これは、「田中君はK中学校を受験したいのだが、40%の合格確率では受験をあきらめてしまうのが一般的だ」という思い込み（隠れた前提）を勝手に加えてしまっています。

▼練習問題

A：大企業が必要としているものは、中小企業も必要としている。
B：従来の求人情報サイトの掲載費用は中小企業には手が出ないほど高かった。
よって
C：

【解答例】C：中小企業向けに値段を抑えた求人サイトのニーズがある。
これは、社会人に向けた練習問題です。

「ニーズがあるのでやるべきだ」まで加えてしまうと、この部分は不確定な要素になってしまいます。

この問題のような推論は、ビジネスの現場では頻繁に行なわれています。

その場合は、「A：大企業が必要としているものは、中小企業も必要としている」のように「正しいと思われる法則」の部分が、どれだけ信憑性《しんぴょうせい》があるかを確認することが大事です。

▼練習問題

A：M中学校には、筆記試験と面接試験の両方で基準点を獲得しなければ合格しない。

B：吉田君はM中学校の筆記試験で基準点を獲得した。

C：吉田君はM中学校の入試に落ちた。

よって

D：

【解答例】 Ｄ：吉田君はＭ中学校の面接試験で基準点を獲得できなかったとわかる。

前提が３つあるのと、実際の結論である「入試に不合格になった」という部分を「よって」の前に置いた少し複雑な問題です。

３つの前提からわかるのは、個別の事柄として「面接で基準点を取れなかった」という事実です。

３つ、４つの事柄を組み合わせることは、少なくありません。

その場合は、「総合的に」言えるというよりも、２つずつ組み合わせていくとトーナメント表のように推論が進んでいくという形が多いので、**一つひとつ「そこから言えること」を吟味していくことが大切**です。

説得力がない人は「私が思う」ことが「一般法則」だと考える

では、次の演繹で結論の部分を導くために使われている隠れた前提を見つけてみましょう。

▼練習問題

メダカは絶滅の危機に瀕《ひん》しているので、保護策をとる必要がある。

【解答と解説】

絶滅の危機に瀕しているものは、保護策をとらなくてはいけない。

当然だと思っていることは、省略してしまいがちですが、相手にとって当然であるとは限りません。

この問題のように、大勢が同意するようなものは頻繁に省略されます。

しかし、職場の常識や国民性など本人は当然だと思っていても、実際はその他の世界では常識ではないということは少なくありません。常に相手の立場で考えてみる習慣をつけましょう。

▼練習問題
しっかり考えてわからない宿題はあきらめていいと、先生が言っていた。もう2時間も考えたのであきらめよう。


【解答と解説】

2時間考えれば、しっかり考えたことになる。

言葉の定義・基準に関する問題です。これも同様に自分の定義を相手の定義だと考えていると隠れてしまいがちです。

この問題でも先生は「時間は関係ない！　深さが大事だ！」などと言い出す可能性もあります。曖昧《あいまい》な言葉の定義をしっかり確認することが大切です。たとえば、
Aさん「Y大学はいい大学だよ。上場企業にたくさん就職しているんだ」
Bさん「そうかな、就職浪人もたくさんいるからいい大学だとは言えないよ」
Aさんにとっていい大学とは、上場企業への就職人数、Bさんにとっては就職率が基準なので意見が合っていません。

▼練習問題

タバコの煙は気持ち悪くなる、不快になる。
だから、職場でのタバコは禁止すべきだ。

【解答と解説】

私が不快になるものは、職場では禁止すべきだ。
個別の事象を、あたかも一般的な話であるかのように拡大しています。これは、話

者が意図的にやっている場合があります。

この解答例の内容は、思っていてもなかなか口に出しづらいものです。そのため、あたかも「みんなが不快に思っている。みんなが不快なものは当然禁止すべき」という論調にすり替えているのです。

たとえば、

Aさん「この広告は斬新《ざんしん》でいいと思いますよ。こんなの見たことないですもん」

Bさん「そうかな。奇をてらっているだけで不快感があるな。ウケないよ」

という議論があったとしましょう。

Aさんは「私が見たことのないものは斬新であり、斬新な広告は良い」

Bさんは「私が不快を感じる広告はウケない」

という前提が隠れています。

意識的か無意識的かは別として、この前提は「私が」という個別の話を一般的な規則として扱っています。「私が」を明示してしまうと、説得力が下がるので隠されているのです。

〝逆〟〝裏〟〝対偶〟を理解してこそ「次のアクション」に生かされる！

「たかし君はメガネをかけている」
という事柄に対して、
「メガネをかけているのはたかし君だ」
というのを、「逆」と言います。

「たかし君がメガネをかけている」というのが正しかったとしても、その逆である「メガネをかけているのはたかし君だ」というのが正しいとは限りません。

このようにある事柄が正しくても、その逆が正しいとは限りません。

メガネの例のような間違いをしてしまう人は少ないですが、

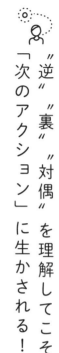

「試験に合格したA君は、学習塾ロジムに通っていた」

という事実を、

「学習塾ロジムに通う人は合格する」

という、逆でも正しいとしてしまう人は少なくありません。

「A社はコンサルタントの山田さんにアドバイスをもらって売り上げを上げた」

という事実から、

「山田さんにコンサルティングをお願いすれば売り上げが上がる」

としてしまうような意思決定と思考停止はよく見られます。

「A社はコンサルタントの山田さんにアドバイスをもらって売り上げを上げた」

という事実は、帰納的に考えると、

「コンサルタントの山田さんにアドバイスをもらうと、売り上げが上がる可能性がある」

という不確実なものです。あくまで仮説なのです。

この「逆」は、もともとは数学で習うものです。

「正方形ならば4つの辺の長さは等しい」

は正しいのですが、その逆の、

「4つの辺の長さが等しければ正方形である」

は正しくありません。ひし形かもしれないからです。

「逆」と同じように、元の文章からつくることのできるものに「裏」と「対偶《たいぐう》」というものがあります。

「AならばB」という例で考えてみると、
逆：BならばA
裏：AでないならBではない
対偶：BではないならAではない
という具合です。

例を続けると、

「正方形ならば4つの辺の長さは等しい」
逆　：4つの辺の長さが等しければ正方形である（これは誤り）
裏　：正方形でないなら4つの辺の長さは等しくない（誤り。ひし形は正方形ではないけれど4つの辺の長さは等しい）
対偶：4つの辺の長さが等しくなければ、それは正方形ではない（これは正しい）
というものです。
元の文章が正しければ、対偶は必ず正しくなります。この例の通り、逆と裏は正しいとは限りません。
AとBが完全に一対一で対応しているときのみ、すべてが正しくなります。
AとBが完全に一対一で対応しているときとは、たとえば、
「ソフトバンクの設立者は孫正義だ」
のように、A＝Bが成り立っていると理解していただければ問題ありません。
すると、
逆　：孫正義はソフトバンクの設立者だ

裏　：ソフトバンクの設立者ではないなら、その人は孫正義ではない

対偶：その人が孫正義ではないなら、ソフトバンクの設立者ではない

といったように、すべて正しくなります。

しかし、一般的な議論では、

「売り上げを上げたAさんは、伊勢丹のスーツを着ている」

が正しかったとしても、

逆　：伊勢丹のスーツを着ていると売り上げを上げる（よくある、形から入っても、中身が伴わないパターンで、必ずしも正しくない）

裏　：売り上げを上げたAさんではないなら、伊勢丹のスーツを着ていない（売り上げを上げていないBさんも、伊勢丹のスーツを着ているかもしれない）

対偶：伊勢丹のスーツを着ていないなら、売り上げを上げたAさんではない（正しい）

となります。少し理屈っぽくなってしまいましたが、**「逆は必ずしも正しくない」**というのは議論だったり、仮説を検証して、次のアクションに生かす上で気をつけなくてはいけないポイントです。

では、練習問題を解いてみてください。逆・裏・対偶をつくってみましょう。

▼練習問題

売り上げを上げているトヨタ自動車は「カイゼン」を実行している

逆：

裏：

対偶：

【解答】

逆：「カイゼン」を実行しているのは、（売り上げを上げている）トヨタ自動車だ

裏：売り上げを上げているトヨタ自動車ではない会社は、「カイゼン」を実行していない

対偶：「カイゼン」を実行していないなら、その会社はトヨタ自動車ではない

▼練習問題

告発された東芝は、会計を正しく行わなかった

逆：

裏：

対偶：

【解答】

逆：会計を正しく行わなかったのは告発された東芝だ

裏：告発された東芝ではない会社は、会計を正しく行なっている

対偶：会計を正しく行なったのなら、その会社は告発された東芝ではない

逆、裏、対偶の文章によって、巧みに事実を歪《ゆが》めている情報は非常に多く流通しています。また、自分でも知らないうちに、自分に都合良く変形させて「正しい」としていることも少なくありません。情報の精度については、ぜひ神経質になってください。

▼第1部の確認問題

次の内容から確実に言えることに○、言えそうなことに△をつけてください。

株式会社ラッキーでは、最近社員の英語教育に力を入れている。英語の習熟度が人事評価に含まれているのだ。会社の研修には、英会話のメニューがたくさんあるし、個人が英会話教室に通う場合でも積極的に補助金を出している。

Aさんは英語を学ぶようになって、昇進以外にも効果があったという。思い切って飛び込んだ営業先が外資系企業で対応してくれた担当者は、日本語の話せない外国人だったが、きちんとプレゼンをすることができて契約できたそうだ。

この事例は経営陣を喜ばせている。この会社では、課長になるには英検2級を取らなくてはいけない。高校卒業程度だが非常にレベルが高いので苦労しているそうだ。

だが、みんな一生懸命勉強している。課長になったBさんも、まだ課長になっていないCさんも英語の辞書を肌身離さず持っている。海外での売り上げが増加傾向にある株式会社モッキー商事や株式会社ツッチー物産も同様に英語教育に力を入れているらしい。
この2社も、人事評価に紐《ひも》づけているそうだ。調査によると、人事評価に英語教育を紐づけている会社はかならず役員に外国人がいるそうだ。意思決定などで日本人とは違った観点があるという。

【選択肢】
（あ）英会話が得意なDさんは外資系企業への営業で成果を上げる
（い）Bさんは英検2級を取得している
（う）Cさんは英検2級を取得していない
（え）株式会社ラッキーは海外での売り上げが増加傾向にある
（お）株式会社ラッキーには外国人の役員がいる

【解答と解説】

（あ）△

「外資系企業の営業で成果を上げたAさんは、英語を学んでいた」が、その逆の「英語を学べば外資系企業への営業で成果を上げられる」というのは必ずしも正しくはない。

Aさんは英語でしっかりとした内容をプレゼンできて、Dさんは英語で話しているが中身はないかもしれない。

（い）○

演繹で確実に言える。

ルール：課長になる人は全員英検2級を取得している

個別の事柄：Bさんは課長になっている

よって、

Bさんは英検2級を取得している

（う）△
「課長になる人は全員英検2級を取得している」は事実として正しいが、その逆の「英検2級を取得した人は全員課長になる」は正しくはない。
Cさんは英検2級を取得してはいるが、他の要素が原因で課長になれていないのかもしれない。もちろん、英語が苦手なのが理由の可能性はある。

（え）△
これは、あくまで帰納的な結論。
株式会社モッキー商事も株式会社ツッチー物産も株式会社ラッキーと同じような英語教育と人事制度を持っているが、「海外の売り上げが増加傾向にある」という点まで類似しているかどうかは確実には言えない。

（お）◯
演繹で確実に言える。

ルール：人事評価に英語教育を紐《ひも》づけている会社は必ず役員に外国人がいる

個別の事柄：株式会社ラッキーは英語教育を人事評価に紐づけている

よって、

株式会社ラッキーには外国人の役員がいる

第1部まとめ

◎問題解決を〝一発ですますこと〟は不可能だと理解する

◎仮説を立てて、素早く実行と検証を繰り返して、物事を前進させることが大切

◎解決策の仮説を立てるには、SCAMPERの思考が役に立つ

◎実行した結果を読み解いて「確実に言えること」「おそらく言えそうなこと」を導き出すには論理的思考・ロジカルシンキングが役に立つ

4
時間目

本当に「取り組むべき問題」が見つかれば“具体的な行動”ができる

～現象と論点の違いって何？～

なぜ、多数決に頼ってしまうのか？

先日、私の会社で「新しいサービスのためのロゴをつくる」というプロジェクトが立ち上がりました。

会社のフロアを歩いていると、担当者がデザイン会社から受け取った10案を超える候補を前に、頭を抱えている姿をよく見るようになりました。

見守ること数日……。ついに、「私には決められないので多数決を取りたい」というメールが、上役たちに一斉に送られてきました。

これは、**「自分で考えて決める」ことの難しさを物語っています。**

私は担当者に、「それぞれのロゴ案について確認したいことがあります」と返事をして、デザイナーさんを含めた3人で集まることにしました。

私　「悩んでいるみたいですね」

担当者「ずっと見つめていると、良い感じに思えたものが、翌日にはそう思えなくなったりしてきて……。だんだん訳がわからなくなってしまったのです。私はセンスに自信がないので、決められなくなってしまって……」

そこで、私は3つの質問をぶつけてみました。

1「サービスの対象となる客層は?」
2「ロゴはどのような場所に、どのようなサイズで使うのか?」
3「ロゴで伝えなくてはいけない内容は何か?」

デザイナーさんは、一つひとつ丁寧に答えてくれます。その答えを聞いていく中で担当者は次第に頭が動き始めたようで、「この客層だとこの英字ロゴは読めないのではないか?」など、どんどん候補が絞られていきました。

「ずっと見つめていた」から、「考えて決める」へと作業の質が進んだ瞬間でした。

一流は「自分の解きやすい問題」を抽出する

第1部では、問題解決のための、

1. **原因と打ち手については、仮説を立てて素早くトライする**
2. **打ち手の候補はSCAMPERで生み出してみる**
3. **結果を論理的に分析して、次のトライにつなげる**

という作業を紹介しました。

第2部では、その前段階である**「問題を正しく設定する」技術**について考えていきます。

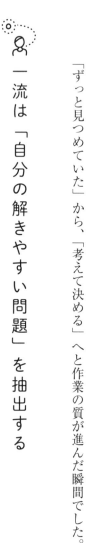

では、「問題を正しく設定する」とは、どういうことでしょうか。

次の2つの問題があるとします。

問題A：算数の成績を上げてください

問題B：今日から3カ月間、配布する算数の問題集を1ページずつ解いてください

さて、どちらの問題が解きやすいですか？

もちろん、Bだと思います。Bのほうが、「具体的に何をやるのか」が明らかになっているからです。

問題Aは算数の成績を上げるために、「具体的に何をやるのか」を自分で考えて決める作業が必要になります。

現象として、「算数の成績が悪い」という状況が目の前にあります。

問題A：算数の成績を上げる

そのために、

問題Ｂ：今日から3カ月間、配布する算数の問題集を1ページずつ解いてください

という構造になっています。

つまり、問題Ｂは問題Ａを、より進めた形なのです。

問題解決のためには、目の前にある現象から、解くべき問題を具体的に抽出しなくてはいけないのです。

「具体的にどう行動するのか？」まで、〝深く〟考える必要があるのです。

正しい問題を設定する2つのポイント

「算数の成績を上げなくてはいけない」という問題を解決するために、一歩進めて「今日から3カ月間、配布する算数の問題集を1ページずつ解いていく」という具体的な問題を設定しました。

さて、これは本当に効果があるものなのでしょうか。

あくまで未来のことですから、不確定な仮説にすぎません。

しかし、「算数の神様が祀《まつ》られている神社にお参りに行く」「算数が得意な友達と遊びに行く」などという案よりは効果がありそうです。

大きな目標である「算数の成績を上げなくてはいけない」ということを達成するために、

「具体的な問題を設定する」

「効果的な問題を設定する」

という、2つを考える必要があるのです。

「決める」ためには〝センス〟も〝勇気〟も必要ない！

「考えられない」「決められない」というのは、何か特別なセンスや能力・勇気が不足していると思われがちです。

しかし、本当の理由は、比較するための情報が不足していたり、情報があったとしても、決断の材料として利用しやすい形に整理できていないことがほとんどです。不確実な部分が大きすぎて、さらに、それを自分のイメージ・想像で補強しているから自信を持つことができないのです。

私も、デザイナーさんに、いろいろな質問をすることなしにロゴを決めることはできません。私もセンスには自信がありませんから、図柄を見ただけでどれが新しいサービスを成功させるのかを判断することはできないのです。

多くの人と同様に、「決めるのが怖い」という気持ちが出てきます。

この本を手に取っていただいているみなさんも、「なんとなく」決めることへの怖さを感じるタイプだと思います。

「なんとなく」から脱却するために、自分の中にしっかりとした「決断する理由」を集めていくうちに、自然と決まってしまうことも少なくないのです。

選択を、どれだけ必然なものに近づけるかがポイントになるのです。

「決め手に欠けるという迷い」は〝このセリフ〟が解決してくれる

ロゴの担当者のように、「悩んでひたすら複数の案を眺めている」という状態に陥ることは少なくありません。一晩たったら、別の案がよく見えてくるということもあります。どれに決めても自信がない……。悩んでいるというよりも、「どちらにしようかな？」と永遠に続けているような状況です。

「決め手に欠ける」という理由だと思いますが、これはうまくいかなかったときに「なぜ、これに決めたのか？」という、周りからの追及に答える根拠がないというのが実際のところで、決断を躊躇《ちゅうちょ》させているのです。

それに答えるには、まずは「何が問題なのか？」について明確にすることです。

つまり、**この決断によって自分は、会社はどんな問題を解決しようとしているのか？**

という点を整理していくことが大切です。

このための情報が、最も大事になります。

「今、○○という問題がある。この解決策は、その問題を解決できると判断できる。だからこの解決策を採用した」

「考える」ことの第一歩は、このセリフをつくり上げることにほかなりません。

問題が具体的なほど、解決策も限られてきてすんなり決定できます。もちろん第1部で学んだ通り、その解決策が有効かはまだわかりません。

ですから、「決めて実行して検証する」ほうが大事です。解決策が１００％正しいのか、ということを心配してもしかたがないということは再度念を押しておきます。

〝無責任で無根拠な意見〟より「良い質問」が大事

情報を集めることが大切ですが、周りの人に「どれがいいと思う？」というアンケートを取って、**無責任で無根拠な「これがいい気がする」という雑多な意見を集めても混乱を生むだけ**です。

結局、政治力の強い人の意見にすり寄ったり、中途半端で凡庸《ぼんよう》なものに落ち着いたりするだけです。

私はランニングが趣味なのですが、ランニングシューズを購入しに行って「どんなシューズがいいかな」と眺めていてもなかなか決められません。

しかし、ベテランの店員さんは、決めやすいように質問をしてくれます。

「どれくらいのペースで走るのか？」

「どんなフォームで走るのか？」

「好きな色は？」

「故障しているところはないか？」

山ほどある各社のランニングシューズの中から選んで決断するには、やはり決断するための情報が必要なのです。

あなたの「決められない」という状況に対して、良いアドバイザーは良い質問をしてくれます。

「俺はこれがいいと思う」という無責任な声にすがるのではなく、スポーツショップのベテラン店員さんのように、適切な質問によって考えるべき問題を明らかにしてくれるような人を見つけてください。

私の主宰する学習教室でもよく「わが子に合った学校を選んでほしい」という相談を受けることがあります。

私が選ぶことはできますが、それよりも、保護者と子供自身が「学校に求めることは何か」をしっかりと書き出すことで、おのずと選び出すことができるようになります。

それとともに、「自分の選んだ学校の、不得意分野や不確定要素は何か?」についても明確にしておくことが、後々の軌道修正がうまくいくことにつながります。

「○○のために」がムダをなくし〝検証〟〝行動の修正〟を可能にする

「計算能力を高めるために、この問題集を毎日1ページずつ1カ月取り組んだ」という生徒がいたとします。

そうすると、1カ月後に計算能力が高まっているかどうかをチェックして、その問題集の取り組みが良かったのかどうかを検証することになります。

しかし、「みんながやっているから、なんとなく問題集をやっている」というように、「○○のために」という問題設定をしていない場合は、どうでしょうか。

1カ月後に、何をチェックするのでしょうか。

問題設定をしていないと、「その問題を解決できるかどうか」という検証もできません。そして、次の行動のための修正もできません。

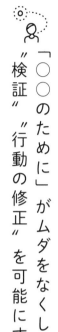

「なんとなく決めた」は、後々、時間のムダだったという結果に終わります。
まずは、「明確な問題設定」ありきなのです。

「問題は正しく設定できているのか？」と一度疑ってみる

うまくいかないときは、「解決策」ではなく「問題設定を疑ってみる」ということが突破口を開く方法です。

儲からないレストランが、一生懸命集客のための広告を出していたとします。しかし、そもそも集客は限界までうまくいっていて、これ以上はそもそも住民がいないということがあります。

「集客」が問題なのではなく、「利益を上げる」ことが問題だと発見することができれば、集客だけでなく、「仕入れコストの削減」や「値上げ」など利益を上げるための検討ポイントが見えてきます。

これは、**「論点を常に考える」**ということです。

「論点」とは、考えるべき本質的な問題です。

反対の用語として、「現象」という、表立って目に見えている問題があります。

現象を問題にしてしまうと〝打ち手〟が見つからない

あなたの最終目標は、問題解決です。そのための打ち手は、効果的でなくてはいけません。

たとえば、「算数の成績が良くない」という状況を把握したとしましょう。

ここから打ち手を思いつくでしょうか。

ここでは、「現象」と「論点」の違いを確認しておきたいと思います。

「算数の成績が良くない」というのは、「現象」です。観察して見えているものが現象なのです。

現象を把握していることは大切ですが、この時点ではまだ「打ち手につながるような論点設定」はできていません。
「算数の成績が良くない」だけでは、「次に何をすべきか」ということを決断できないのです。

論点設定とは、

1　計算ミスが多い
2　割合の理解不足による間違いが多い
3　一度解いたことのある問題でも、復習がおろそかなので定着していない
4　文章題を数式にすることができていない

というように、打ち手につながるものです。
これらは、たとえば以下のような打ち手につながります。

1　毎日計算ドリルに10分間取り組む

2 割合の説明を、再度、家庭教師に指導してもらう
3 復習を毎週決まった時間に行なうように、スケジュールを立て直す
4 文章題の指導に定評のある塾の講習を受ける

などです。

打ち手が明らかになれば、後はすぐに実行するのみです。そして、効果について検証していけば、問題解決につながります。

論点こそが〝筋のいい策〟を導き出す

論点を見つけ出し、打ち手を考えることができるようになれば、仕事の結果も変わってきます。ここで、2つの事例をご紹介します。

▽事例1
携帯電話をなくした

現代人にとって、携帯電話をなくすことは大変な「問題」です。しかし、これは「論点」ではなく「現象」にすぎません。今回の解決すべき「論点」を確認してみましょう。

1　いろいろな人と連絡が取れない。不便になる
2　悪用される可能性がある
3　なくさないための対策に不備があった

3つ挙げてみましたが、この他にもいろいろと考えられます。ここで大事なのは「携帯電話をなくした」という現象から掘り下げて、ご紹介したような論点を見つけ出すと、それらは打ち手につながるということです。

3つの論点に対する打ち手は、以下のようなものが考えられます。

1　パソコンなどで連絡を取る。次回に備えて、連絡先のバックアップをとっておく
2　携帯電話会社に電話をして、ロックをかけてもらう。次回に備えて、遠隔操作で携帯の中の情報を消去できるサービスを利用する
3　チェーンなどで、携帯電話をカバンや服に結びつけておくようにする

これらを素早く実行できるのであれば実行すべきです。また、金銭的な制約があれば、優先順位を考えて実行していけばいいのです。

「携帯電話をなくした！　大変だ！」

といった状態で、ただパニックになってしまうということはよくあります。

そんなときは、**「具体的にこれからどんな不都合が発生しそうか？」**という視点で思考を進めましょう。すると、状況の悪化を防ぐための打ち手につながる論点が浮かび上がってきます。

立ち止まっている自分に対して、「このままではさらに悪化するのだ」という意識を持たせると、意識は過去から未来へと向くことになり、そこから論点が見つかるのです。

もうひとつ、事例をご紹介しましょう。

▽**事例2**
実家の旅館の経営がうまくいっていない

こういった現象に対して「なぜか?」という視点で観察すると、いろいろなことが見えてきます。たとえば、

1 建物が老朽化《ろうきゅうか》している
2 観光客が来ていない
3 旅館までの公共交通機関が貧弱
4 大型観光バスを停めるスペースがない
5 部屋が古くさい
6 従業員のサービスが悪い

7 価格が高い

実際に現地を見たり、アンケートをとれば、こういった様々なものが見えてきます。ここで、一歩進んで考えてみましょう。これらは解決すべき「論点」でしょうか。実はそうとも言えません。

たとえば、建物が老朽化していても人気を得ている旅館などいくらでもあります。また、旅館までの公共交通機関が発達していなくても、隠れ家的な雰囲気ということで客足が絶えない旅館も多いのです。「価格が高い」ということも同様です。

つまり、この7つはまだ「現象」、つまり目に見えているものにすぎず、それらに取り組んだところで「旅館の経営不振」を解決できるかどうかはわからないのです。

今回のケースでも、実際の宿泊者、旅行会社の営業担当者、有名なブロガーなどにアンケートをとると、

1 建物は老朽化しているが、趣はあるので敬遠される要素にはなっていない

4　旅館の規模として、大きな団体客を収容することは難しいので、大型観光バスへの対応は不必要

ということがわかったりします。

そして、たとえば、

5　部屋の雰囲気は古くさくても受け入れてもらえているが、水回りやベッドなどの設備が古いことにより滞在したときの快適さに不満が強い

6　従業員の数が少ないため、お客さんからの要望に迅速《じんそく》に対応できていないという、より具体的で、「経営不振」という現象を生み出している強い要因を見つけ出すことができるのです。

こういう「本当の論点」を見つけることができれば打ち手として、

5　水回りなどの、部屋の中の設備に関してリニューアルする

6　従業員の数を増やす。夜間でもお客さんに対応できるようにする

という、効果の高そうな策を導き出すことができるのです。

問題の〝一部〟ではなく〝根本解決〟を目指す

旅館の例のように、一見「問題」であり「論点」でありそうに見えることでも、あくまで〝現象〟でしかないというものはたくさんあります。

たとえば、「学校のテストの成績が下降している」ということも、しっかり論点の設定ができていないのです。

「テストの成績を上げるために、気合いを入れて勉強をしよう。家庭教師を雇おう」といった打ち手では、実は効果が上がらなかったり、長く続かなかったりします。

「テストの成績の下降」を現象としてとらえた論点を例として挙げてみましょう。

1　授業中の居眠りが多く、授業をほとんど聞いていない
2　家でテレビやゲームの時間が増えている
3　各科目への興味を失っている

というものが見つかったとします。成績の下降というのは、これらから発生した現象にすぎなかったということもあるのです。

すると、

1　授業中に眠くならないように睡眠時間を確保する
2　テレビとゲームの時間を制限する
3　テスト対策ではなく、じっくりと楽しめる学習方法を模索する

という対策が見えてきます。

現象は、〝より根本的で大きな原因から派生している問題の一部でしかない〟ということも少なくありません。

よって、その現象を解決するための打ち手は、根本解決をしていない対症療法になってしまっていることもあるのです。

論点をつかめば〝コストパフォーマンスの高い打ち手〟が増える

当事者が唯一の論点だと思っていることでも、実は違ったという例もあります。

たとえば学習塾に子供を通わせている保護者が、「子供をどうしてもA中学校に合格させたいが、学力が足りない」という問題を抱えていたとします。

「A中学校に合格する学力を身につける」という論点を設定し、そこからさらに深掘りして打ち手を考えていくという方法ももちろんあります。

「算数の出題傾向を分析して、対策を練ろう」というようなものです。

しかし、この「A中学校に合格する」という問題意識に対して「WHY?(なぜ?)」と思考を深めてみましょう。

すると、「A中学校では、入学後に英語の教育がしっかりしているのでそれを受けさせたい」ということが判明したとします。

すると、ここで論点は、「A中学校の合格」から「入学後に英語の教育をしっかり受けさせる」となるわけです。

そうすると、

1　A中学校以外でも英語の教育がしっかりしている学校はないのか?
2　中学校の授業ではなく、学校外で英語の教育を受ける選択肢はないのか?

という打ち手が出てくることがあります。

英語の教育を受けるために、苦手な算数の対策に大きな時間と金銭をかけるよりも、合格しやすい別の英語教育の充実した学校を探し出すことで、早めに英語の学習に取り組むことができるということもあるでしょう。

当事者の「本当の問題」をあぶり出して、さらに自分の得意だったり、コストパフォーマンスの高い論点・打ち手に持ち込むというのは、問題解決の常套手段《じょうとうしゅだん》です。

「WHY？ グセ」が根本原因をあぶり出す

「論点」、つまり問題を解決するための根本原因にたどり着くには、常に、「WHY？（なぜ？）」を、考える習慣をつける必要があります。

「算数のテストの成績が悪い」

という現象に対して、

1 重要な問題を解いているか
2 適切な量の問題を解いているか
3 家で問題を解きながら、なぜそう解くのかを考えているか

といった論点が挙げられた中で、

1　試験に出る重要な問題を解いていない

という論点に絞られてきたとします。

ここからさらに、

「なぜ、試験に出る重要な問題を解いていないのか」

という「WHY？」の視点で深掘りしていきましょう。

すると、

1　試験に出る重要な問題がわかっていない

2　重要な問題がわかっているが、取り組んでいない

3　取り組んでいるが十分な時間を割けていない

という論点が見えてきます。

ここで、

3　取り組んでいるが十分な時間を割けていない

と考えたのならば、

「なぜ、十分な時間を割けないのか?」

となり、**「勉強以外の時間の調整」**こそが、根本解決につながる打ち手だったという
ことになるのです。

「WHY?」の習慣をぜひ身につけてください。

起きている事柄にとらわれないためのピラミッド図

起きている事柄にとらわれないことも、大切です。これは、図で整理するとうまく
いきます。
「算数の成績を上げたい」ということを例に考えてみましょう。

1 打ち手につながるように論点へと進める

「算数の成績を上げたい」ので、
論点1：復習をする
論点2：授業をよく聴く

2　本当の問題をあぶり出す

「算数の成績を上げたい」

「なぜ、算数の成績を上げたいのか？」

それは、

「お母さんの喜ぶ顔が見たいから」

では、「算数の成績を上げる」以外にお母さんが喜ぶことはないか？


これらは、ピラミッド図で整理をすると、見えてくることが多いのです。右に向かって分解するのはもちろん、左に、つまり、より抽象的な上位概念を考えてみることも役に立つのです。

論点はピラミッド図にすると見えてくる！

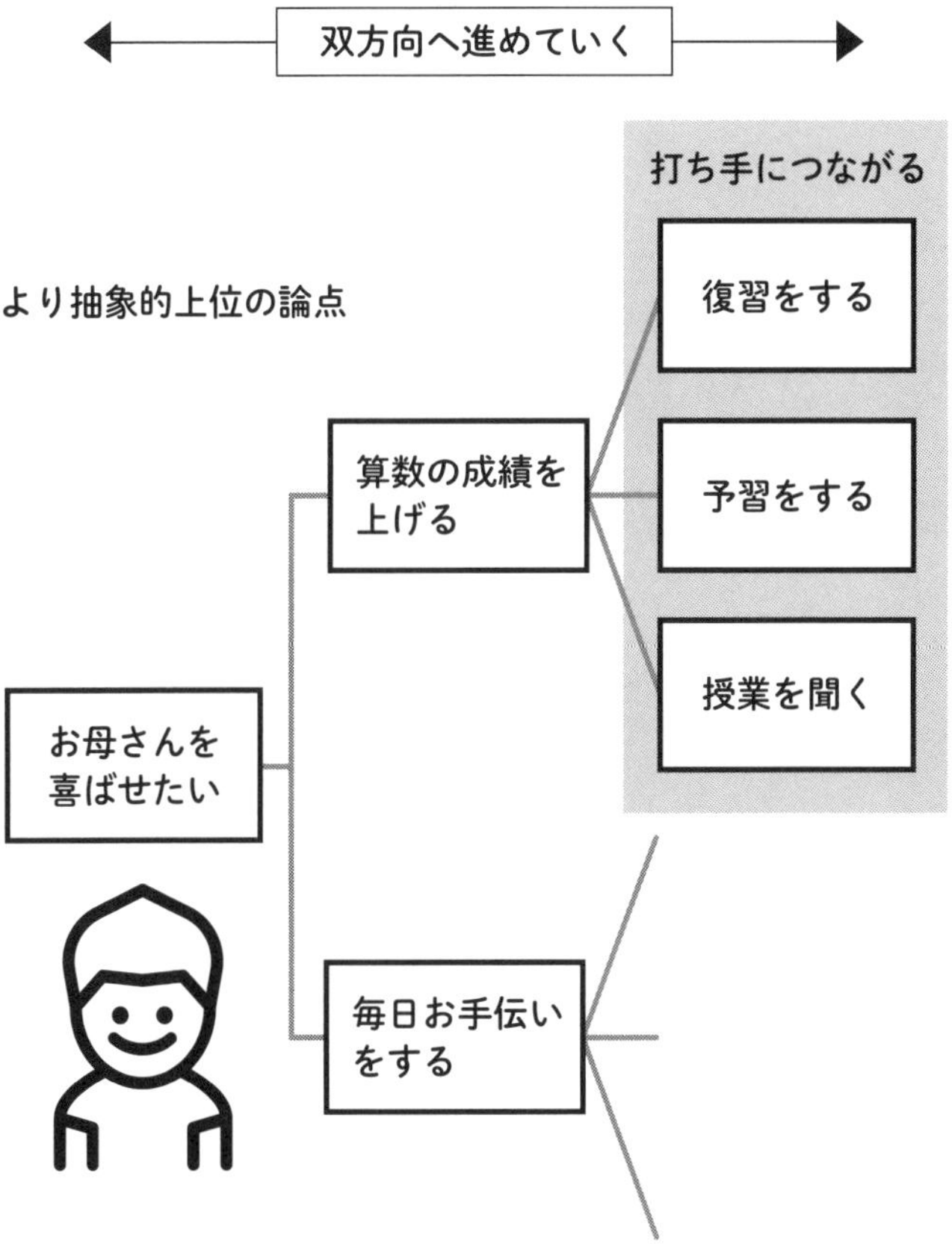

「少子化は解決できるのか？」

例題です。

▼練習問題

練習問題として「少子化」を考えてみます。

問題１　少子化という現象を解決する、打ち手につながる論点を挙げてみましょう

問題２　「少子化はなぜ問題なのか」を考え、より抽象的な論点を見つけてみましょう

ロジムの教室内で発表された、小学6年生の答えをご紹介します。

問題1の論点

論点1：教育費がかかりすぎるので、子供を産んでも育てられないと思っている
論点2：親が忙しすぎて、2人も育てられない
論点3：結婚したくない人が増えている
論点4：結婚の高齢化で2人目は産めない

小学生もかなり現実的な理解をしているようです。打ち手につながるということが大事なので、小学生の考えたそれぞれの具体的な打ち手も紹介します。

打ち手1：学校の学費はすべて無料にする
打ち手2：引退してヒマなおじいちゃんたちが見てくれる学童保育所や保育園をつくる
打ち手3：国がお見合いパーティーを開く
打ち手4：医学にお金を出して研究してもらう

問題2の論点

論点1：少子化になると働いて税金を払う人が、働いていない高齢者より多くなってお金が足りなくなる
論点2：少子化になると、助けてほしい高齢者が街にあふれてしまい若者がサポートしてあげられない
論点3：サッカーや、野球、ラグビーなどのチームがなくなってしまう

このように抽象化できると、「子供の数を増やす」という策でなくても、問題を解決できそうです。子供たちは、

打ち手1：働いて、税金を払ってくれる人を外国から受け入れる
打ち手2：ロボットを開発して高齢者を助けてあげる
打ち手3：ルールを変えて、少人数でもできるようにする

という、実際に国レベルで検討されているものから、なかなか斬新《ざんしん》なものまでいろいろな打ち手を考えてくれました。

「抽象思考」「ゼロベース思考」で打ち手を増やす

ここまで、「WHY?」という視点で見ることで、より抽象的な論点をあぶり出して、全く違った方向からの打ち手が検討できるというお話をしました。

このように、「論点」に正解があるわけではありません。少子化の問題でも「子供の数を増やす」ということだけにこだわる立場もあるでしょう。論点は立場やTPOに応じて違うものですし、変化してくるものです。

先ほどの「A中学校に合格したい」「算数の成績を上げたい」や「少子化」の例は、深掘りすることで論点が変わってきました。

目の前の現象にとらわれずに、より大きな問題を掘り起こすことで打ち手の幅が広がったのです。

これによって、よりコストが低かったり、得意な打ち手に持ち込めるのです。**目の前の現象にとらわれないという意味で「ゼロベースで考える」という思考法**です。

逆に、深く調べていく中で、新たな制約事項が明らかになったり、第1部で学んだ「隠れた前提」が判明したりということもあります。

保護者「A中学校に合格させたい」
先生「それはなぜですか？」
保護者「英語の教育が充実しているからです」
先生「では、B中学校でもいいですね」
保護者「実は、私がA中学校のOBなので、どうしても子供をA中学校に入れたいのです」

といった話は少なくありません。

ビジネスシーンで言えば、A部長の立場では、「その部署の売り上げをなんとかして上げていかなくてはいけないという論点」があったとしても、社長の立場としては「会社全体の売り上げを上げればいい」という論点もあります。

すると、A部長の部署の人材や資金をより将来性があり、勝ち目のある他の部署へ回していこうという話になることも少なくありません。立場の違いが論点の違いになるのです。

「時間の経過」という条件も、考えなくてはいけない場合があります。

英語の検定試験まであと3カ月という時期に立った、「試験に必ず出題がある長文の読解力を高める」という論点に対して、「長文読解を3日に1回解いてみる」という打ち手を実行していたとしても、試験まで残り3日となったら「即効性のある英語知識を増やす」という論点に変更し、「英単語帳を暗記する」という打ち手に取り組むこともあります。

相反する立場を用意すると〝後が楽！〟

論点を考えるときに、**相反する立場をしっかり考えておくと、後の対応が楽に**なります。

先ほどの例では、「A中学校に合格する」という論点と、「B中学校で代替する」という論点を事前に2つ考えておくことで対応できました。

A部長の問題では、A部長の立場にとらわれずに、より上位の「その会社の利益を増やす」という論点を考えていれば、「A部長の部署の売り上げを上げる」と並列させる形で、「新規の部署で売り上げを上げる」という論点が用意できます。

長期的、短期的な効果を考える英語の問題に関しても同様です。

「自分に見えていない論点はないか」というチェックリストを持ち、先ほども紹介したピラミッド図を書くとよいでしょう。

論点を用意する

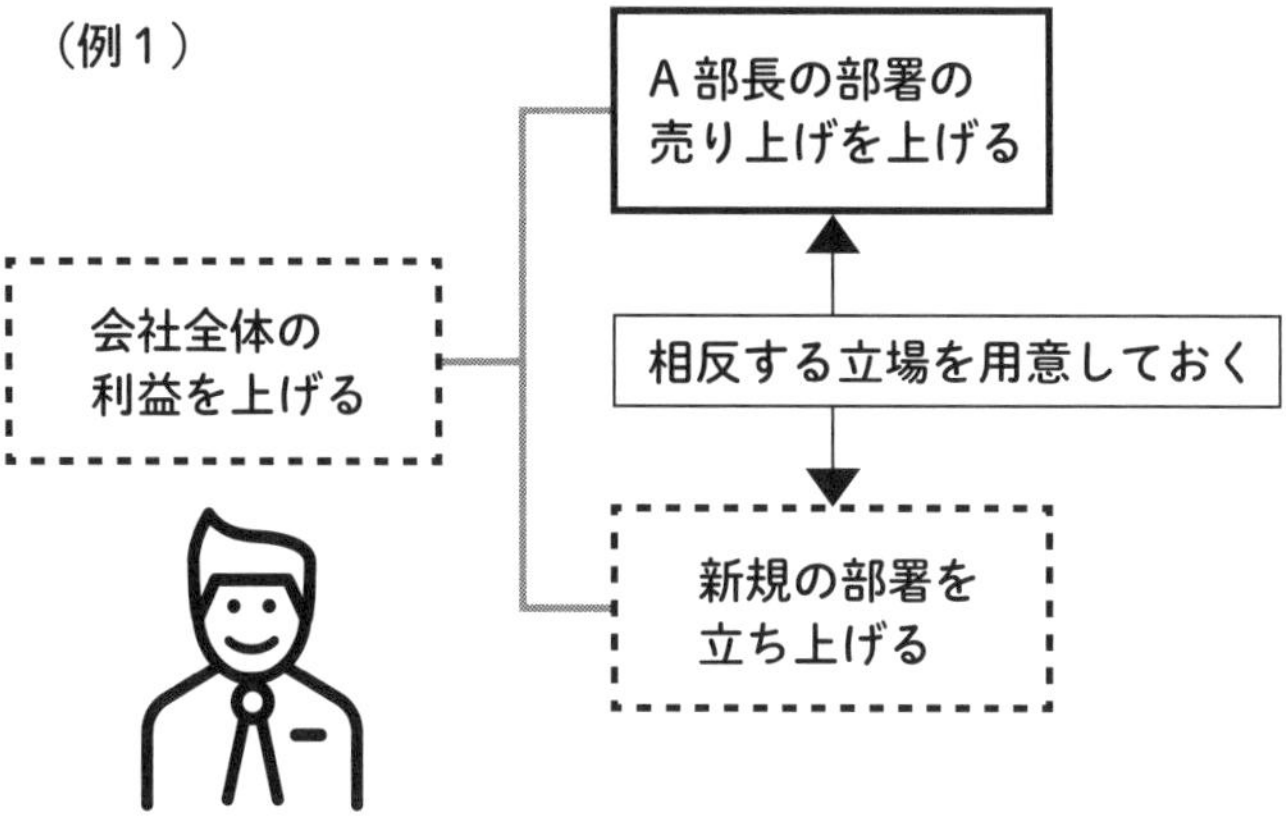

自分に見えていない論点はないか？

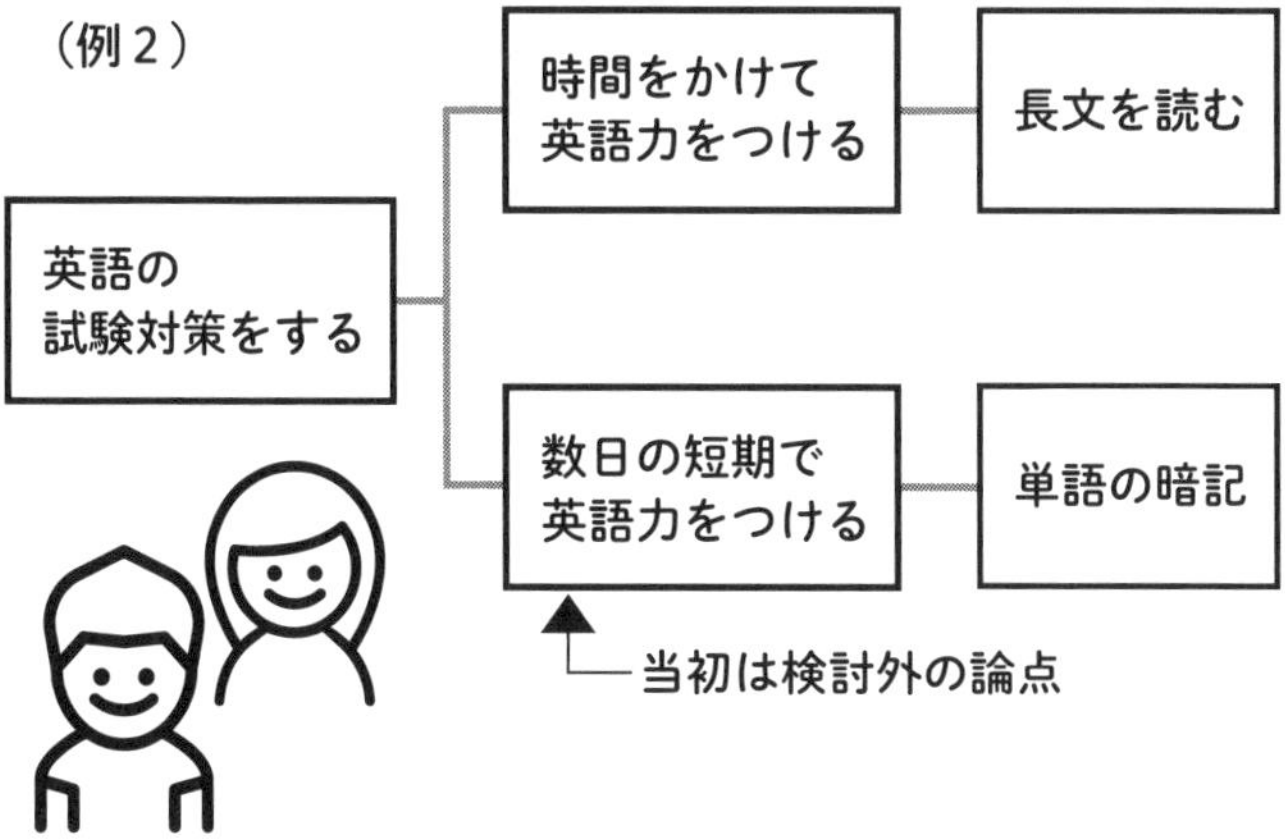

5
時間目

本質を見つけるための フレームワーク

~どんなチェックリストがあれば“モレ”“ミス”は防げるの?~

〝論点を見落とさないため〟にコンサルタントが使うフレームワークの数々

ここまで学んでくると、あなたの疑問点は、「重要な論点を見落とさないようにするにはどうしたらいいのか？」というところに至ると思います。

これは、ベテランのビジネスパーソンも同様の悩みを抱えています。

このような悩みを解決する一助とするために、経営コンサルタントが利用しているのが、フレームワークと呼ばれる論点の見落としをさけるためのチェックリストです。

会社の外から雇われて、その会社・業界の問題を解決するために論点を見つけるのが職業である経営コンサルタントは、いろいろな会社を見ているので業界特有のチェックポイントについて経験を持っています。

書店に行けば、様々なフレームワークを紹介する書籍が並んでいますが、ここで**身**

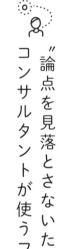

につけておくと武器になる有名なものを紹介していきます。

また、フレームワークの知識が増えてくると、自分の会社・業界・仕事スタイルに合わせたフレームワークを自分自身で考え出すことも可能になってきます。

問題は「フェルミ推定」で小さく分解していけばいい

まずは、簡単な事例です。たとえば、「貯蓄を増やしたい」という問題の解決のための論点を考えてみましょう。

小学生のクラスではほとんどの場合、「収入を増やす」という論点に集中してしまいます。よって、

「徹夜で働く」

「給料の良い会社に転職する」

などという打ち手に終始してしまいます。

しかし、「貯蓄」とは、どのようにして発生するのかを考えてみましょう。

毎月の収入－毎月の支出＋臨時収入　が貯蓄に回されると考えられます。

よって、

1　毎月の収入を増やす
2　毎月の支出を減らす
3　臨時収入を増やす

という、3つの論点があることがわかります。

論点が違えば打ち手も違います。より効率的だったり、簡単な打ち手から取り組んでいくことが良いとわかってきます。

このように、**「問題を構成している要素を数式で分解してみる」というフレームワークは「因数分解」と比喩《ひゆ》的に言われたり、フェルミ推定と呼ばれたりしています。**

もちろん、因数分解の仕方は一通りではありませんし、状況によっては別の要素が

つけ加わることもあるでしょう。

それでも、「そもそもこの問題を算出する要素は何か」ということを考えることは、特に数字を扱うビジネスの場面では非常に有効です。

たとえば、小売り業ですと、（販売価格 − コスト）× 売り上げ個数 ＝ 利益 ですので、「販売価格」「コスト」「売り上げ個数」の3点について考える必要があります。

コストなどはさらに、仕入れ価格、人件費、宣伝費……などに分解することができます。

どれかひとつにこだわりすぎたり、他が見えなくなってしまっていたりということを避けるためにも、常に意識するべきフレームワークです。

では、練習問題を行なっていきましょう。

▼練習問題1：朝の電車の混雑をどうにかして緩和《かんわ》したい

混雑とは？ を考えて計算式を考えてみましょう。

混雑 ＝ 乗車人数 ÷ 定員 の乗車率で表されます。

定員２００人の車両に４００人が乗っていたら2倍。つまり、２００％です。一般に２００％を超えると、身動きが厳しいレベルになります。

このように分解すると、

1　乗車人数を減らす
2　定員を増やす

という、２つの論点が見えてきます。

「時差通勤の奨励《しょうれい》によって、乗車人数の削減を目指す」こともできますし、「同時に車両の増加や朝の座席の折りたたみなどで、定員の増加を目指す」という打ち手も見えてくるのです。

▼練習問題2：ハンバーガーチェーン店の売り上げを上げるには？

これも小学生のクラスでは、いかに多くのハンバーガーを売れるようにするかという「ひとつの店舗の中での話」に終始してしまいます。

しかし、ハンバーガーチェーン店の売り上げは、客単価 × 客数 × 店舗数 というように分解できます。

すると、

客単価を上げる

客数を増やす

という案に加えて、

店舗数を増やす

という打ち手も見えてきます。

実際に、チェーン店では、数を増やせば仕入れコストが同時に下がるので、各店舗での売り上げを伸ばす策よりも、いかに店舗数を増やすかを考えている会社も多いものです。

「強み」と「弱み」を2軸で分析するPPM

一般的に、PPM（プロダクト・ポートフォリオ・マネジメント）と呼ばれるフレームワークがあります。難しい名前ですが、自分や自社の強みと弱みを外的要因と結びつけて分析する手法です。

1　市場での自社の強さ・シェア
2　市場自体が有望かそうでないか

という、2つの要素で分析するフレームワークです。

たとえば、ある自動車会社が「売り上げを伸ばしたい」という問題を解決する際に、どのような論点があるのか、見ていきましょう。

論点1　現在も市場で強いが、その市場に伸びはない高級車部門

高級車部門は、「金のなる木」と言われている。市場に伸びがないと思われているため、新規参入が少なく自分たちのマーケットが奪われる心配がない。

市場では強いので、勝ち組として価格も維持しやすいのが強みである。多くの投資はせずに現状維持で十分。

論点2　現在も市場で強く、その市場に伸びが期待できるエコカー部門

最初に参入したため、認知度も非常に高いエコカー部門。しかし、市場自体が大きな伸びを示しているので多くの新規参入がある。

すでに有利なポジションを獲得しているので、市場が伸びれば伸びるほど自然と売り上げが伸びていく「花形」の部門。会社として資源を投入するべき分野。

論点3　市場で弱く、その市場の伸びも期待できないスポーツカー部門

一般向けの車で有名なので、スポーツカー愛好者の間ではあまり評判は良くない。
しかも、スポーツカー自体が若者の車離れで市場の伸びが期待できない。自社としては全く将来性が感じられない「負け犬」部門。

論点4　市場では弱いが、その市場自体は伸びているファミリーカー部門

家族で快適に乗ることのできる大型ファミリーカーは、他社が先行している。この市場は、高齢者の移動

2軸で考える自分の強みと弱みPPM

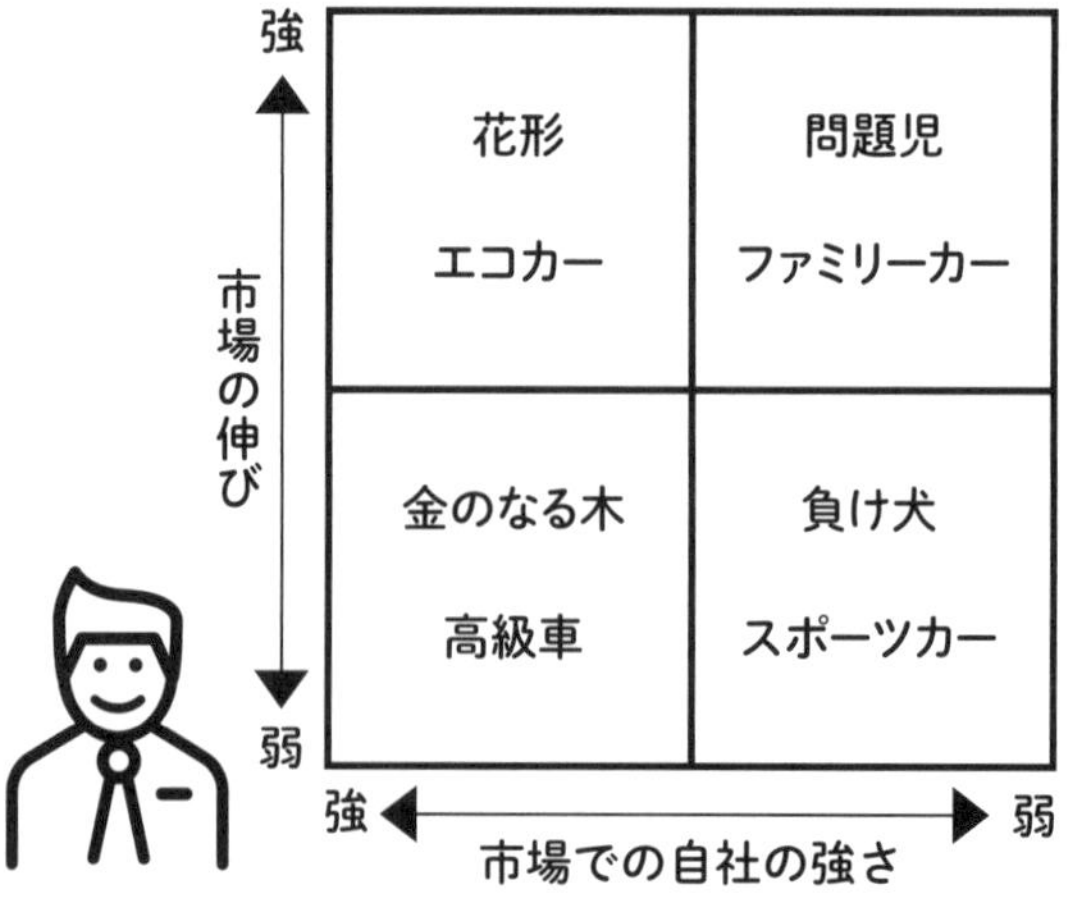

用などもあり伸びている市場なので、なんとかして食い込んでいきたい分野で、問題児と呼ばれている。ここで成功すれば、「花形」部門へと変わっていくので戦略的に参入していきたい。

これを見やすく2軸でまとめると右ページの図のようになります。

PPMで自己分析
——「英語」「中国語」「プログラミング」「漢字」どのスキルを上げるべき？

自社や自分の強みと弱みを2軸に整理することで、「どこに注力すべきか」「どこに目をつぶるべきか」という論点の取捨選択がしやすくなります。

もともとは、この事例のように多くの事業を抱える企業の分析として活用されましたが、個人的な強み・弱みの分析にも役に立ちます。

たとえば、

1　自分のスキルの習熟度
2　スキルの市場価値

といった2軸で考えてみましょう。

1　習熟しているが、今後あまり伸びがなさそうな英語のスキル
すでに会話には事欠かないレベルではあるが、かなり多くのライバルがいる英会話のスキル。これ以上時間を費やすことなく、このまま維持するだけで、市場価値は変わらない。

2　習熟していて、さらに市場で求められていきそうな中国語のスキル
勉強を進めていてかなり習熟しているが、今以上に求められる場面が増えたり、企

業も中国語を話せる人材を求めてくることが予想される。

ビジネスや法務の会話もできるようになれば、さらに市場価値が上がりそうなので、もっと時間を費やして学ぶ。

3　習熟度はいまいちだが、市場では求められているプログラミングのスキル
文系出身なので、ＩＴスキルは苦手。しかし、どんな企業でも人材不足に悩んでいるということがあるので、今のうちに学び始めれ

自己分析でも使えるフレームワーク

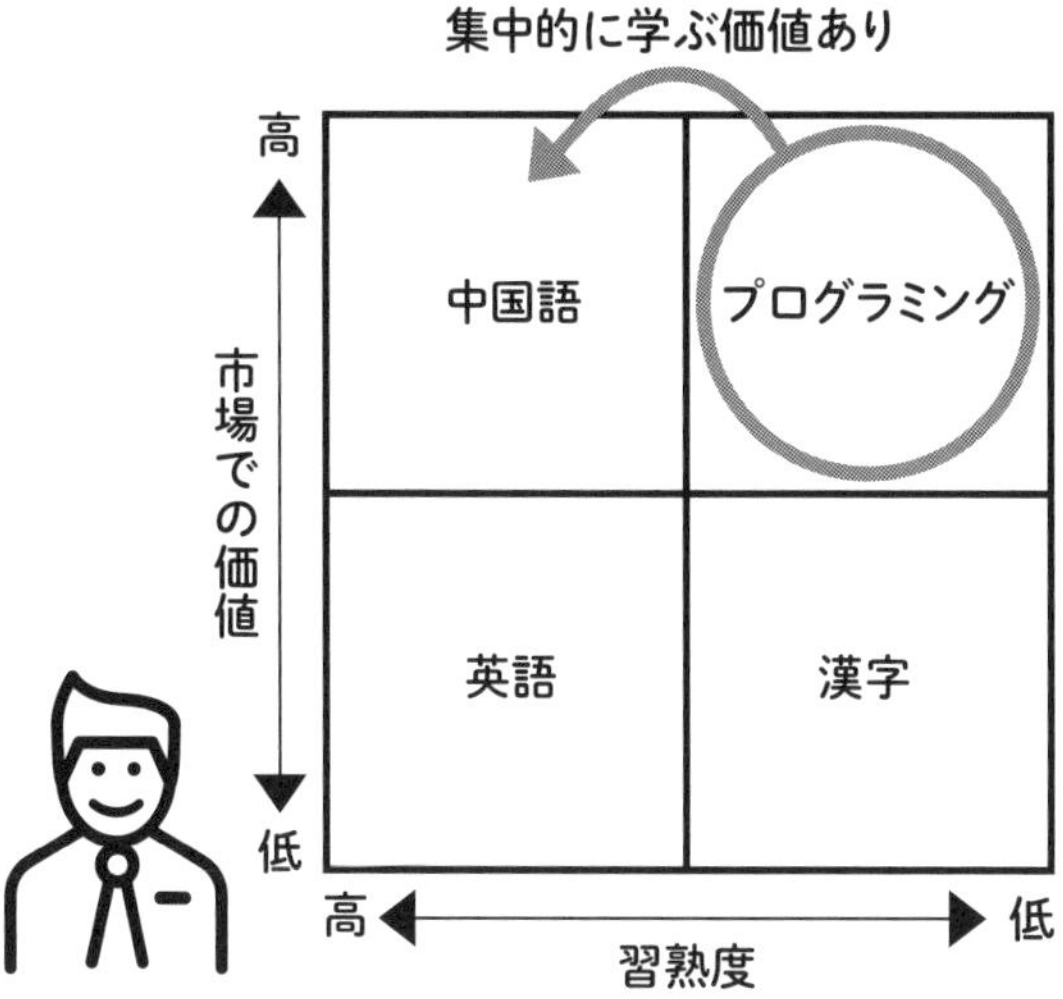

ば、自分もゆくゆくは「花形」人材になれるかもしれない。

4　習熟度はいまいちな上に、そもそも市場でも求められていなさそうな漢字のスキル
最近はパソコンや携帯での文字入力が主流なので、自分でしっかり書けと言われたら自信がない。
でも、今さら漢字のレベルを上げたところで、自分の市場価値が高まるとも思えないし、社会で非常に高い漢字の知識が求められているようにも思えない。よってこのままにしておく。

いかがでしょうか。自己分析にも非常に有効なフレームワークです。

〝時間軸に注目〟してモレを防止するVC

たとえば、洋服の企画・製造・販売を手がける企業が不振に陥っているとします。いったいどうすれば良いのか？　最後の「販売」を頑張ればいいわけではありません。この企業の活動の流れを時間軸で整理してみると、下の図のようになります。

このように整理すると、不具合が発生しているかどうかを確認するポイントがはっきりと見えてきます。

このように、**時間軸で論点のモレをなくしていくフレームワークが、バリュー・チェーン・フレーム（VC）**です。

宣伝と販売はうまくいっているのに、アフターサービスの悪さが顧客のリピート率を下げているのかもしれません。

また、物流に大きなコストがかかっているのかもし

バリュー・チェーン・フレームワーク

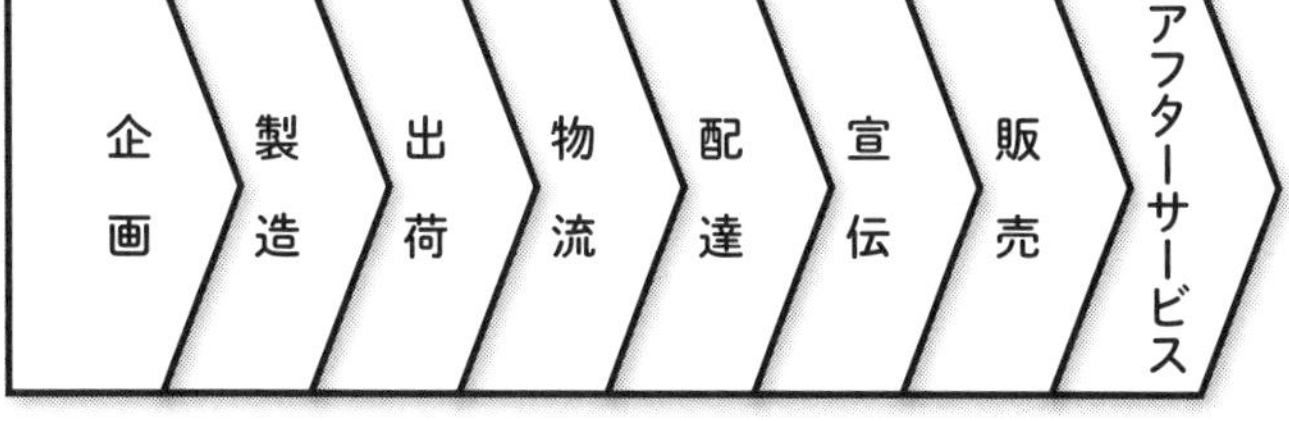

れません。

このように整理することで、「自分の不得意な部分を外注する」といった打ち手が考えられます。

たとえば、ユニクロはすべてを自社で抱えるという選択をしています。

アップルコンピューターは企画はしていますが、製造はしていません。このように、様々な企業形態があるのです。

有名な企業はどこに強みがあるのか。意外なほど外注しているメーカーは多いですし、ニッチな部分に特化している企業も少なくありませんので、ぜひ、調べてみてください。

「成績が悪いのは、どこに原因があるの？」

ＶＣを使って、小学生が自分の勉強スタイルについて分析してみました。

VCで小学生が自分の勉強スタイルを分析

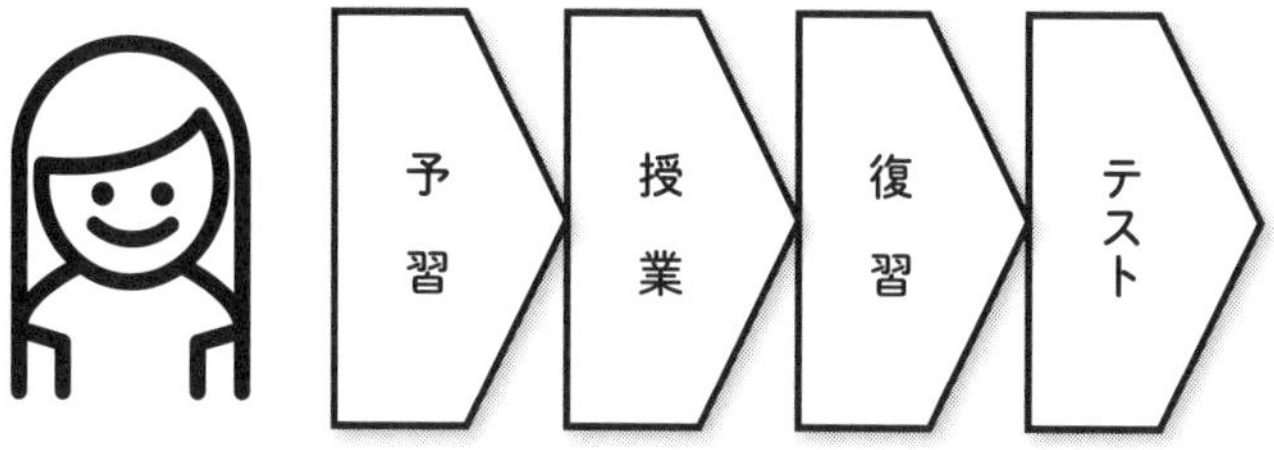

打ち手を考え改善していく

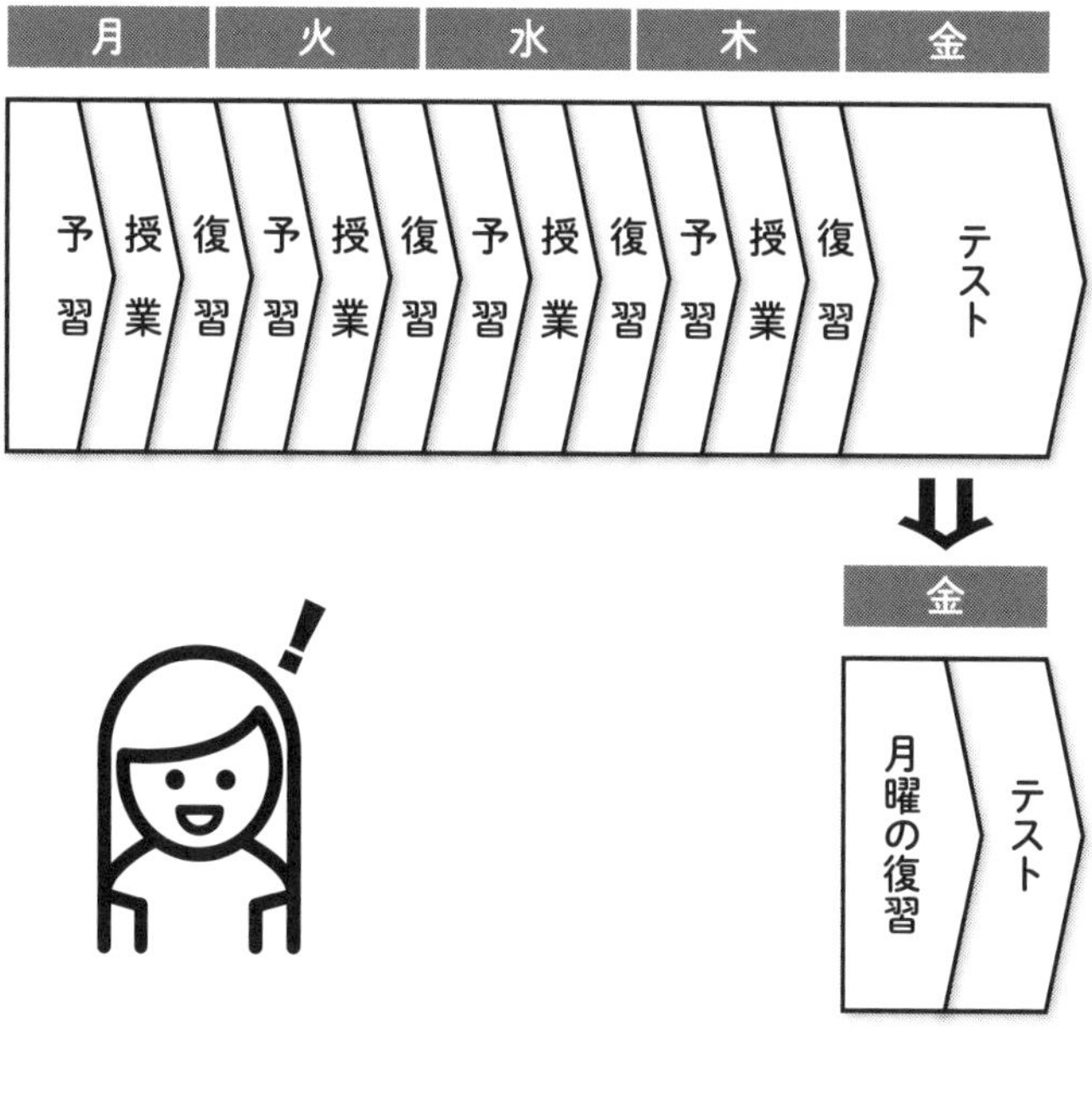

ＶＣの図を使って

Aさん：復習の時間が足りていない
Bさん：テスト当日の時間配分ができていない
Cさん：授業の聴き取りができていない

という、違った論点が浮き彫りになり、それぞれが効率的な打ち手をとることができました。

また、Ｄさんは月曜から金曜日のテストまでのＶＣ図を使って、どこに課題があるかを発見できたそうです。月曜の授業の復習をもう一度テスト前に入れるというＶＣの入れ替えをしました。

このＶＣというフレームワークも、やはり自己分析に応用できるのです。

“モチベーション”と“ミッション”のバランスをとる「WILL CAN MUST」

モチベーションとミッションのバランスを考えるフレームワークに「WILL CAN MUST」があります。

WILL：やりたいこと
CAN　：やれること
MUST：やらなくてはいけないこと

を棚卸しして、それぞれが重なる部分を考えます。

これは自己分析から生まれたフレームワークですが、企業やチームの方向性を考える上でも非常に役に立つものです。

　ＷＩＬＬとＣＡＮとＭＵＳＴの重なっている部分が最も効率が良く、かつ能動的に取り組める分野です。

　これは組織としても個人としても同様です。

　ですから、適宜重なっている部分は何か？　重なっていないけれど、重ねるにはどうしたらよいか？　という戦略の立て直しが必要です。

　重ねる作業について学習塾の小学生の面談での事例で紹介します。

　小学生ですと、

モチベーションとミッションのバランスを考えるフレームワーク

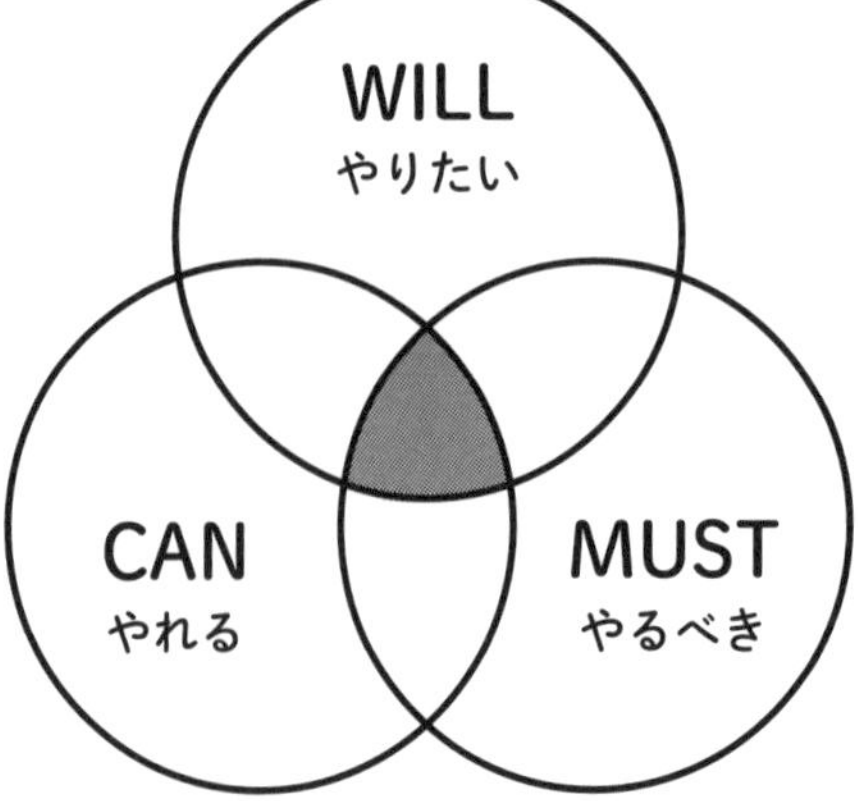

WILL：ゲームで遊びたい
MUST：勉強

になり、「重なる部分が全くない」という状態からスタートする子供が少なくありません。そこで「WHY?」で分解していきます。


「ゲームで遊びたい」

WHY?

「楽しいから」

WHY?

「ゲームはどんどん先に進めて、うまくなるから」


この生徒のWILLの意味が詳しく見えてきます。

ここから、「達成感を得られるようなレベルの問題集に取り組ませる」というMUS

Ｔの部分の修正で、ＷＩＬＬとＭＵＳＴが重なり、良い状態で勉強を進めることができました。

ＣＡＮとＭＵＳＴを重ねる作業は、前に紹介した、富士フイルムの例のプロセスが参考になります。

ＣＡＮの「フィルムをつくる」を分解することで、ＭＵＳＴの要望に応えるような最新の化粧品技術に取り組むことができるのです。

自分の意見を強固にしてくれる「悪魔の代弁者」

意地悪な「アンチ」を考えるというのも、シンプルなフレームワークのひとつです。「この問題は、この解決策で突破できる」「この理由は、適切である」といった仮説を立てるときに、必ず**「逆の立場での反論を考える」**というものです。

小学生が取り組んだ問題をご紹介します。

▼問題1「テレビゲームを買ってもらうための理由を挙げてみよう」

【解答例】

1 みんなが持っているから
2 テレビゲームをやると勉強の息抜きになって良いから
3 絶対に勉強をがんばるから！

▼問題2「では、それぞれに意地悪な保護者の立場になって反対してみよう」

【解答例】

1 本当に全員持っているのか。なぜ、他の人が持っていると自分も持たなくてはいけないのか
2 テレビゲームの息抜きは勉強に効果があるのは本当か。テレビゲームに夢中になって勉強時間がなくなるのではないか

3　今まで「絶対」という約束を破ったことがあるではないか

とにかく意地悪になっておくことがポイントです。これらを想定することで、自分の意見の穴に気づき、準備をすることができます。

会議において、「とにかく逆の意見を言う担当」という役割を担う人をつくっている企業がありますが、このフレームワークを実施しているのです。

これを**「悪魔の代弁者」**と呼ぶこともあります。それくらい意地悪な立場を求めるものです。

必ず逆の立場でも反論を考えてみる

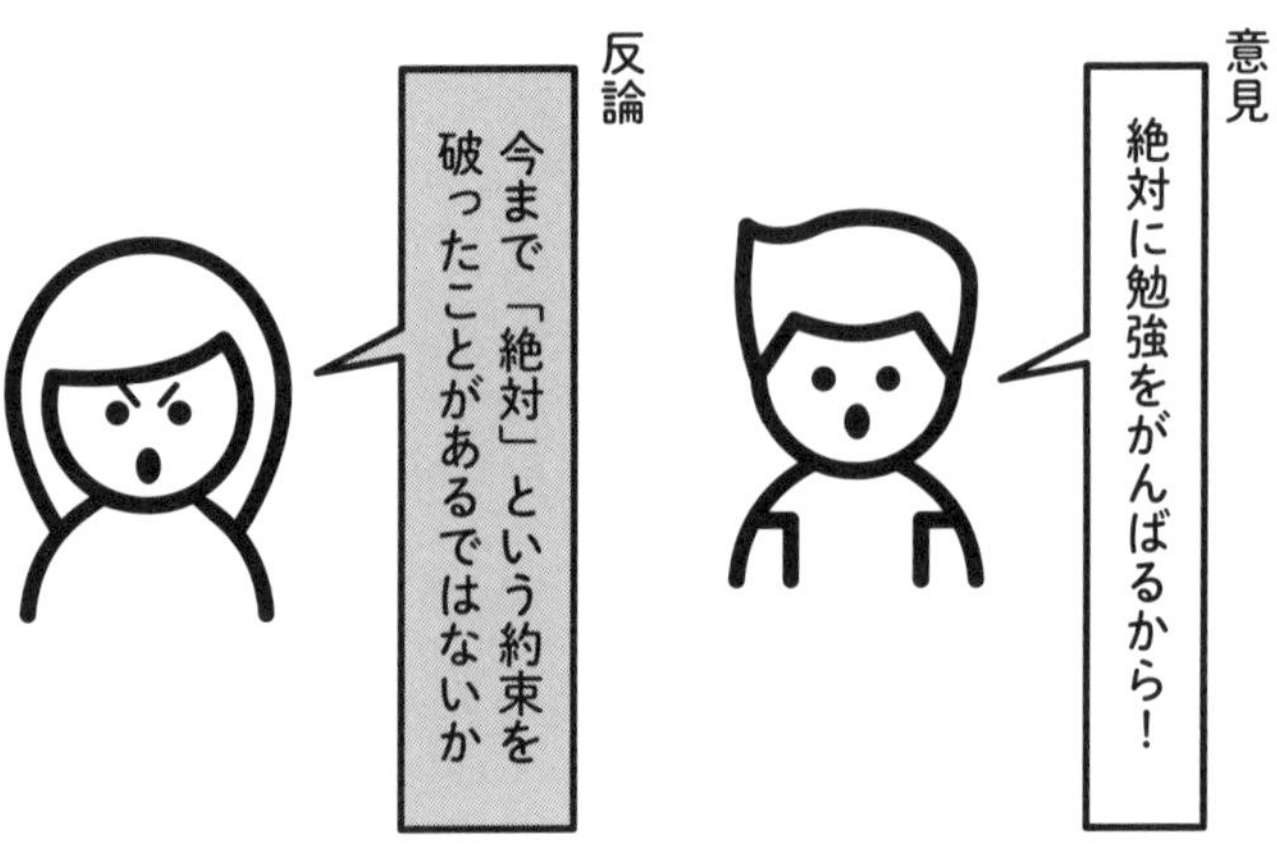

どんな仮説にも、「それは本当か?」「本当にそれだけか?」という疑問がつきまといます。

一度、自分の中で反論してみることで、自分の意見が強固になりますし、プレゼンテーションの相手の予想外の反応にも備えることができます。

例をいくつかご紹介しておきます。

意見「7月には値下げセールを実施しないと、他社に売り上げを奪われます」
反論「それは本当に起こることなのか?」

意見「7月に他社に売り上げを奪われないためには、値下げセールが必要です」
反論「売り上げを奪われないための施策は、本当に値下げセールだけなのか?」

新しいビジネス向けフレームワークＡＩＳＡＳ

ビジネス向けのフレームワークも紹介します。

フレームワークというのは、古くから使われているものから、新しく開発されたばかりのものまでたくさんあります。

ここでご紹介するＡＩＳＡＳというフレームワークは、新しいものです。

ベテランのビジネスパーソンなら独自のチェックリストを持っているはずですが、それもフレームワークだと言えます。次に紹介するのは、インターネット購買についての消費者の行動を流れで追うものです。

注意：Attention
関心：Interest

検索：Search
購買：Action
情報共有：Share

というものです。

検索、情報共有という点に新しさを感じます。この検索と情報共有をいかにうまく攻めるかというのが、インターネットを通じた販売の重要な点であるということは、多くの人がすでに実感できているのではないでしょうか。

これは、情報共有 Share と検索 Search が密接につながっているところに特徴があります。「検索」を重視し、検索エンジンでどうしたら表示されるか、という従来型のマーケティング

比較的新しいフレームワーク AISAS

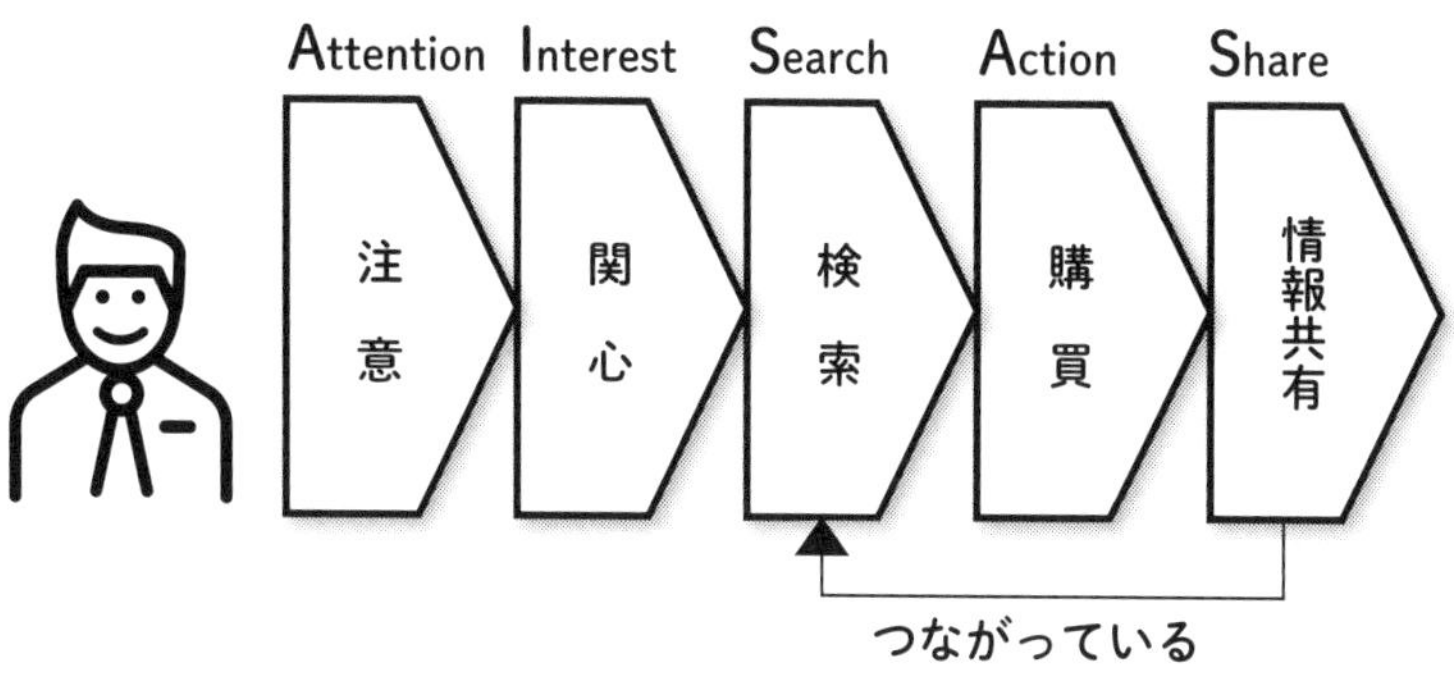

をしていても非効率なのです。いかにＳＮＳで情報共有され、それがＳＮＳを通じた検索にヒットするようになるかまで考えなくてはいけません。

また、このＡＩＳＡＳはインターネットの購買について開発されたフレームワークですが、情報共有Shareというのは従来では「口コミ」と言われていたものであり、昔から影響力のある女子高生・女子大生マーケティングや地域の中心人物を狙ったターゲットマーケティングがありました。

インターネットを使わない高齢者向けのビジネスなどでも依然として重要な視点であると言えます。

AISASで見つけた論点に対する打ち手は様々

インターネット購買における「勝利の方程式」というのは、まだまだ完成していないというのが現状です。

しかし、**Shareの力が非常に強大であることは間違いなさそう**なので「いかに買ってもらえるか」だけでなく、「いかにシェアしてもらうか」について頭を悩ませている企業が多いのです。

さらには、逆説的に「シェアしたくなるようなものが売れる」という現象も起きていますが、このような消費者の要望に対してうまく応える技術を持った企業はなかなか出てきていません。

思い出してほしいのですが、「打ち手」というのがうまくいくという保証は全くありません。どれもあくまで仮説です。

フレームワークで見つけ出した論点に対して、仮説をぶつけて成果を検証していく。

そのサイクルを忘れてはいけません。

化粧品販売でどんな打ち手が考えられるか？

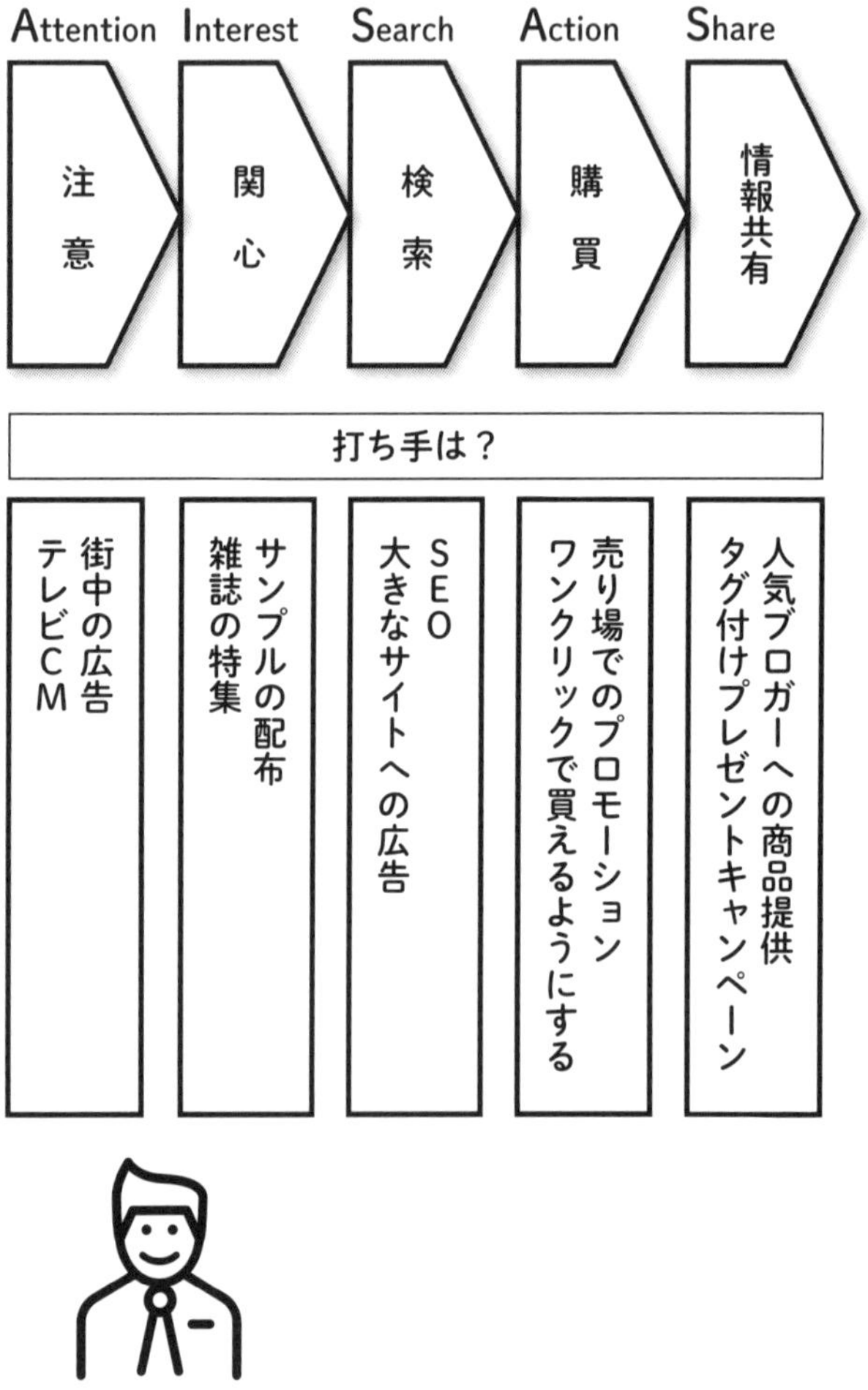

あなたはすでに専門家！独自のフレームワークで考えてみよう

ここに挙げたのは、ビジネスの専門家が考え出した、非常に使う場面が多いと言われているフレームワークです。

しかし、あなたもあなたが取り組んでいる仕事に関しては、専門家であると言えます。ぜひ、自らの経験を振り返って独自のフレームワークをつくってみてください。

フレームワークなどと難しく考えずに、「自分独自のチェックリスト」ととらえればいいのです。

たとえば、学習塾ロジムでは、新しいサービスを考えたり、提案をするときに「保護者の視点」と「生徒の視点」と「社会の視点」の3つをチェックするというフレームワークがあります。

保護者にとっての利点
生徒にとっての利点
社会にとっての利点

を考えるのです。小学生ですと意外なほど保護者と生徒の利害は一致しません。

また、当事者だけでなく、小学生が進出していく社会にとってどうかという視点も必ずチェックしています。

総合練習問題

最後にこれまでに学んだことを、順を追って確認してみましょう。次の問題について考えてみてください。

▽**問題**：駅前の放置自転車が邪魔なので対策をしよう

◉ステップ1：論点を考える

1　ＷＨＹ？　上位の問題をあぶり出す
2　フレームワークを活用して論点を抽出する

すると、たとえば次のように考えられます。

1　通学の邪魔で危ないから

すると、

・徒歩で来る人のために、放置自転車のない別の通学路をつくる

という選択肢が考えられます。

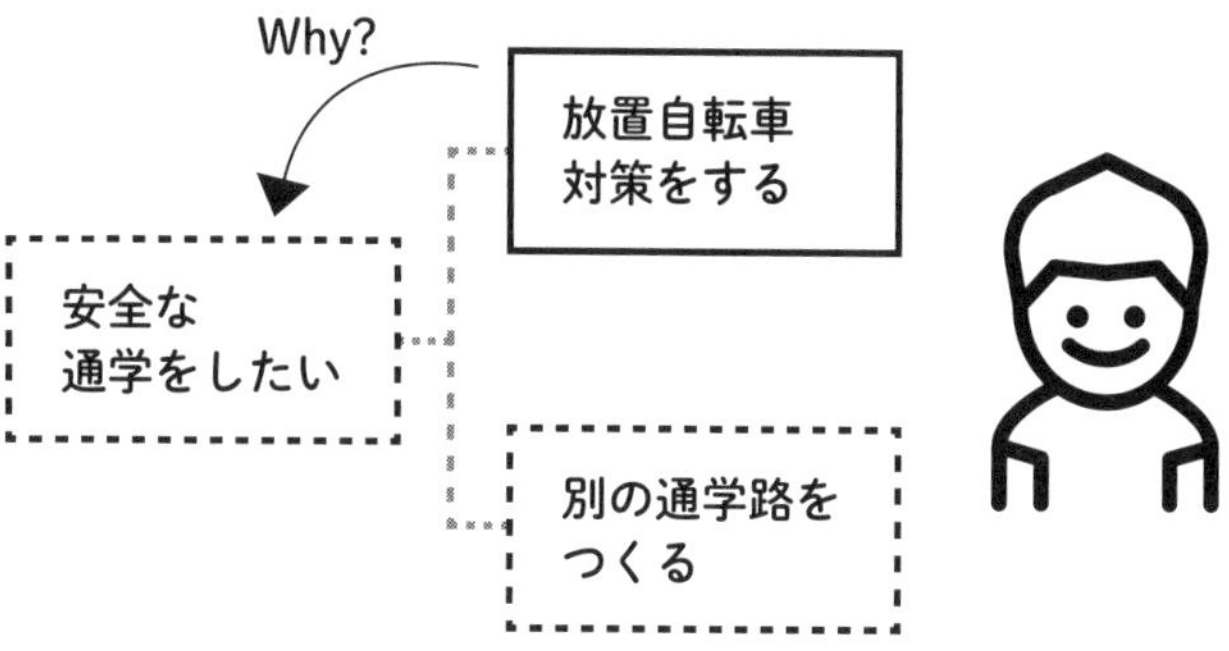

２「放置自転車が邪魔」を「分解」してみます。

道路の幅を放置自転車が狭めている

すると、

・放置自転車を減らす

だけでなく

・道路の幅を広げる

という選択肢が考えられます。

●ステップ２：それぞれの論点に打ち手を考える

ここでは、ＳＣＡＭＰＥＲを参考にして「放置自転車を減らす」ための打ち手を考えてみましょう。

打ち手案１：バスを無料にする（Substitute 代用する）

打ち手案２：駅のすぐ近くに自転車置き場をつくる

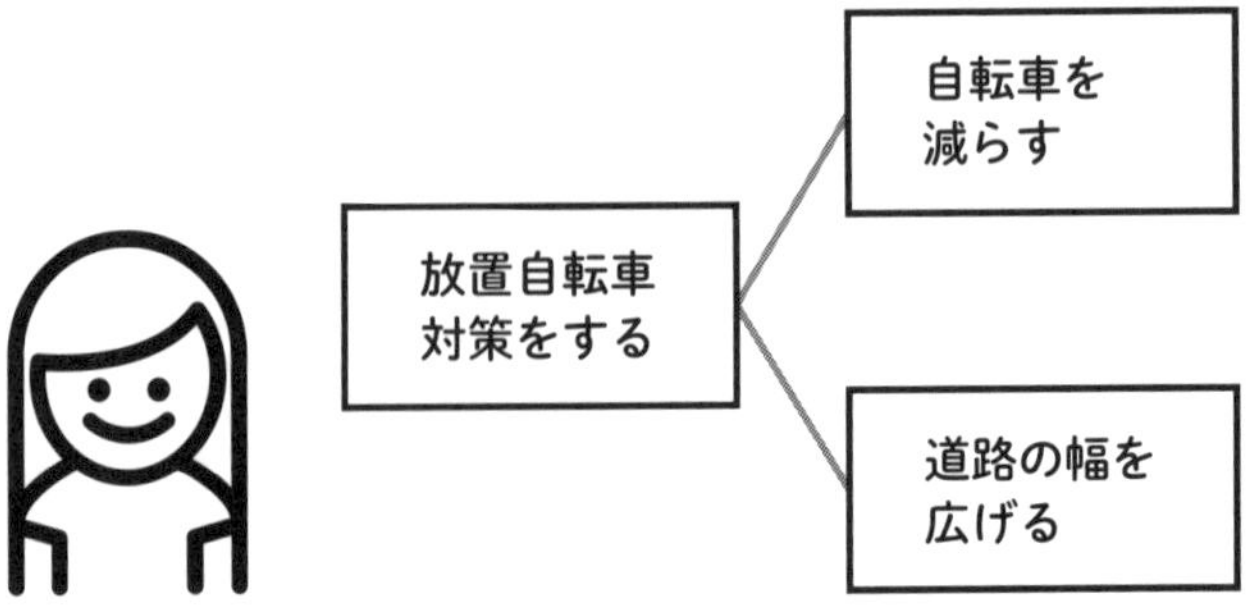

（Modify 修正する）

打ち手案3：毎日すぐに撤去する（Eliminate 取り除く）

◉ステップ3：打ち手を実行して検証する

どれが本当に効果があるかはわかりません。素早く実行してみましょう。

この場合は、打ち手案1と3が低コストで実験できそうです。

・打ち手案1の実行と結果：効果がなかった

↓隠れた前提：「バスが高いから自転車に乗っている」が実は誤りではないか？

家の近くにバスが通っていないから自転車に乗っているのでは？

↓調査をしてみよう。

・打ち手案2の実行と結果：放置自転車はなくなった

↓採用するか？

↓まだ決められない。費用が予想より多くかかった。「コストが一番かからない」という隠れた前提があったので、「バス停を増やす」や「駐輪場をつくる」とのコストを比較する必要があります。

●ステップ4：次の作業

1 無料でもバスを使わない理由の調査
2 家の近くに無料バス停をつくったら乗るのか？ の意向調査と費用計算
3 駅近くの駐輪場の設置費用
4 それぞれの費用の比較

簡単ではありますが、シミュレーションをしてみました。

もちろんこの解答例は小学生のものなので、もっと画期的なものを思いつく場合もあるはずです。

いずれにしても、仮説でしかありません。最終的に思いついた仮説が効果的かどうかは別にして、そこに至るまでのプロセスについては「型」を覚えてみるのが第一歩になります。

問題解決の手順に関しては、このように身近な事例で練習することが可能です。学習塾ロジムでは、「相談事を解決してみよう!」という身近なテーマを題材にして問題解決力を養っています。

職場で実際に問題解決に取り組むのはもちろんですが、他の人が取り組んでいる問題やテレビ・インターネットで気がついた問題を題材にしてみてはいかがでしょうか。

一番大事なこと——「決めた後もやることがある」

さて、第2部の冒頭でお話しした新しいロゴは結局ひとつに絞り込めたのでしょうか。

実は、2つに残ってしまいました。会議の場では、確認しきれないポイントがあったのです。

「通りすがりの人の印象に残るのはどちらか？」という点です。

さて、こういう場合にありがちなのが多数決です。これは、誰も見通しを立てられないときに、決断を下す人間に重責を負わせることを回避して、みんなが少しずつ責任を分かち合う方法です。

この悪い点は、決めた後のことについて無頓着《むとんちゃく》になりがちなことです。

第2部では、決断には、事前の情報収集と論点整理をテーマにしましたが、**なんと言っ**

ても大事なのは第1部でお伝えした「決断の後にもやることはたくさんある」ということです。

ビジネスの現場でも、自分のことでも、多くの場合、今回のロゴ問題のように不確定要素を含んだ決定をせざるを得ません。

それは、当然のこととして受け入れましょう。そして、決断後の反省と修正のプランをしっかり立てて、実行することで、その決断を良いものに進化させていけばいいのです。

「インパクト」よりも「すばやく前進」を優先しよう！

問題解決のためには、仮説をいくつか立てて素早く実行することが大切です。「一発で解決できる」という夢は捨てなくてはいけません。ですから、論点として「解決可能かどうか」という視点での取捨選択が非常に大事です。

たとえば、私たちのような「小さな学習塾が生徒に多く通ってほしい」という問題を解決するために「小学校を4時間授業にして、午後は塾に通えるようにする」といった論点を挙げても、どんな打ち手もほぼ「解決不可能」だと言えます。

思い切って切り捨ててしまい、この案ほどインパクトはなくても、素早く前進できるような論点を優先すべきです。

また、**検証と修正・改善がきちんとできるのかという視点も重要**です。

それができそうもないものだったり、あまりにも時間がかかって再挑戦の機会を逃してしまうようなものは優先すべきではありません。

たとえば、「算数の成績を上げたい」という論点に対して「評判の問題集に半年かけて取り組んでみる」という打ち手よりも、「苦手分野に絞って1週間集中して取り組んでみる」という打ち手を優先すべきなのです。

第1部と第2部を通してあなたは、問題解決の技術と問題設定の技術を学びました。

今日から、この技術を使ってみてください。

トライアンドエラーを素早く繰り返していくことで、問題解決の精度は高まっていきます。

自分の前に現れた問題、将来現れるであろう問題にいち早く手をつけて、いち早く失敗していく人こそが、一流の仕事人へと成長していくのです。

おわりに

この本の内容は、私の主宰する学習塾ロジムで小学生向けに開講している授業を再現したものです。

テスト用の問題を解いて解法を覚えるという従来の学習から脱却して、「自ら問題を設定し、試行錯誤しながら解決を目指す技術」を身につけてもらうことを目指しています。

実社会はテストと違って、

「間違えたらバツがついて終わり」

ではありません。

素早く修正すれば、リカバリーすることができるのです。また、実社会では、テストと違って「明確な問題」が与えられているわけではありません。

ロジムの問題解決の授業は、従来の学習と実社会で求められる能力とのギャップを埋めるものだと考えています。

問題が明確で、試行錯誤をする必要のない業務は、まさに機械化しやすいものです。会社内でも、未熟な新入社員には、あまり考える必要のない業務が与えられることからあなたもご理解いただけることだと思います。

この本の内容を身につけたあなたが「決断し、失敗すること」を恐れず、そこから学べるようになることで、日本全体が「うまく失敗し、そこから成長しよう」というチャレンジ精神にあふれてほしいと願っています。

苅野進

【著者紹介】

苅野進（かりの・しん）

学習塾ロジム塾長兼代表取締役。

東京大学文学部卒業後、経営コンサルティング会社を経て、2004年学習塾ロジムを設立。コンサルタント時代には、社会人向けのロジカルシンキングの研修、指導も担当。

「"自ら問題を設定し、試行錯誤しながら前進する力"を養うことこそ教育の最も重要課題である」という考えから、小学生から高校生を対象に論理的思考力・問題解決力をテーマにした講座を開講している。国語・算数・理科・社会・英語といった主要科目の学習への応用でも効果を上げている。

著書に、『小学生からのロジカルシンキング』（SBクリエイティブ）などがある。

学習塾ロジム
http://lojim.jp

10歳でもわかる問題解決の授業

2017年10月2日　初版発行

著　者　苅野　進
発行者　太田　宏
発行所　フォレスト出版株式会社
〒162-0824　東京都新宿区揚場町2-18　白宝ビル5F
電話　03-5229-5750（営業）
　　　03-5229-5757（編集）
URL　http://www.forestpub.co.jp

印刷・製本　中央精版印刷株式会社

ISBN 978-4-89451-771-4　Printed in Japan